EDUCA A TU PERRO

Florence Desachy

EDUCA A TU PERRO

De Vecchi
DVE
ediciones

A pesar de haber puesto el máximo cuidado en la redacción de esta obra, el autor o el editor no pueden en modo alguno responsabilizarse por las informaciones (fórmulas, recetas, técnicas, etc.) vertidas en el texto. Se aconseja, en el caso de problemas específicos —a menudo únicos— de cada lector en particular, que se consulte con una persona cualificada para obtener las informaciones más completas, más exactas y lo más actualizadas posible. DE VECCHI EDICIONES, S. A.

ADVERTENCIA
Este libro es sólo una guía introductoria de la raza. Para criar un perro es necesario conocer a fondo su temperamento y tener nociones generales de psicología y comportamiento animal, que no están contenidas en la presente obra. Se advierte que si se orienta mal a un perro, este puede ser peligroso.
Por otra parte se recuerda que, lógicamente, sólo un profesional acreditado puede adiestrar a un perro y que cualquier intento de hacerlo por cuenta propia constituye un grave error. Es obvio que bajo ningún concepto debe permitirse que los niños jueguen con un perro si el propietario no está presente.

Traducción de Maria Àngels Pujol i Foyo.
Diseño gráfico de la cubierta: © VISUAL.
Fotografías de la cubierta: © CallallooAlexis / Fotolia.com.
Fotografías del interior de Paola Visintini, Marco Giberti, Gianni Balistreri, Marco Leonardi, Giorgio Teich Alasia y F. Dahan.

© De Vecchi Ediciones, S. A. 2011
Diagonal 519-521, 2º - 08029 Barcelona
Depósito Legal: M. 34.893-2011
ISBN: 978-84-315-5152-0

Editorial De Vecchi, S. A. de C. V.
Nogal, 16 Col. Sta. María Ribera
06400 Delegación Cuauhtémoc
México

Reservados todos los derechos. Ni la totalidad ni parte de este libro puede reproducirse o trasmitirse por ningún procedimiento electrónico o mecánico, incluyendo fotocopia, grabación magnética o cualquier almacenamiento de información y sistema de recuperación, sin permiso escrito de DE VECCHI EDICIONES.

ÍNDICE

Hablar y escuchar 9
Las bases de la educación. 19
Las enseñanzas de base 35
El aprendizaje del territorio 65
El aprendizaje de los demás 79
Los fracasos: causas y consecuencias 91
Los consejos del veterinario 122
Índice analítico 140

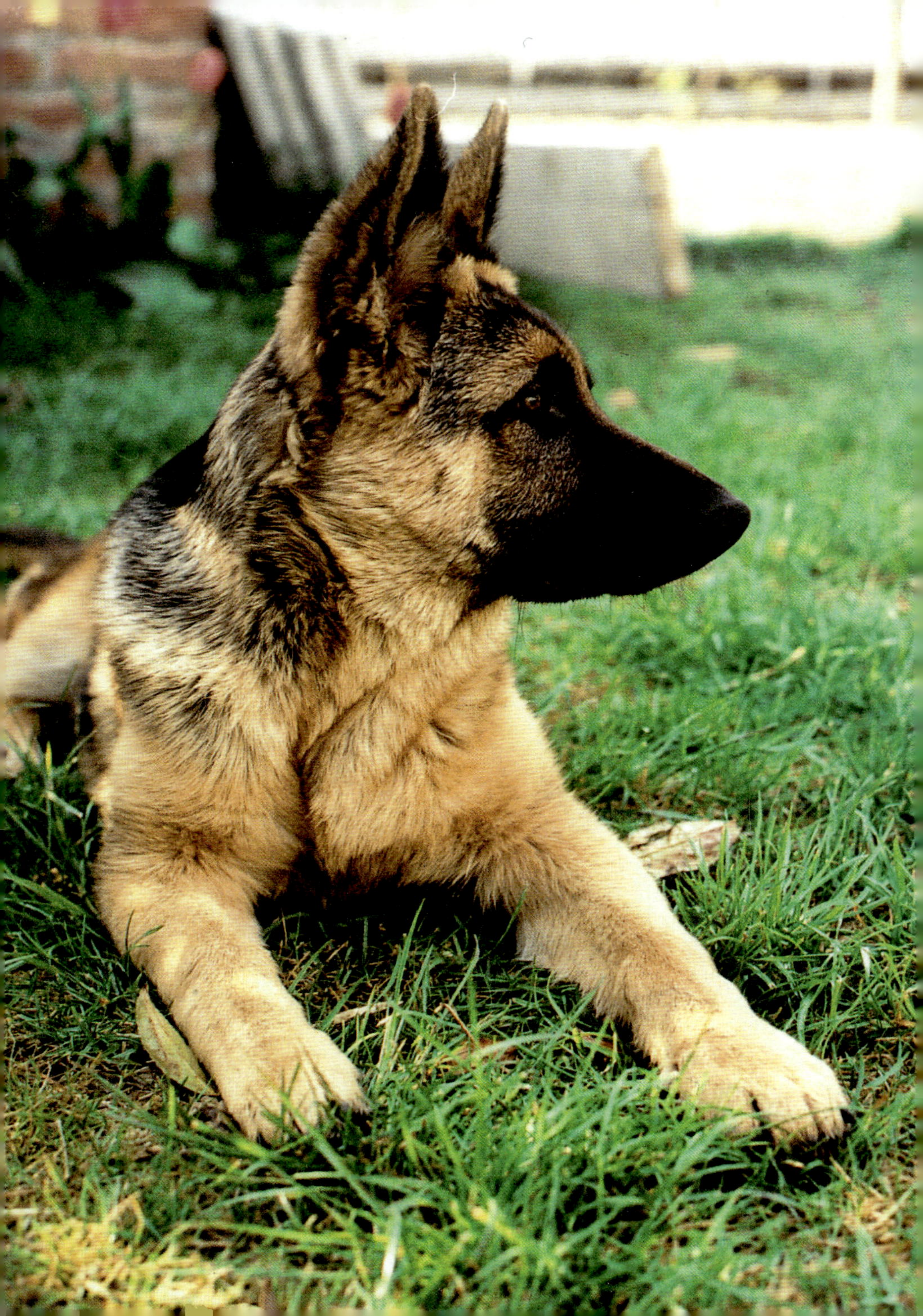

Hablar y escuchar

Educar a nuestro perro es hacerle tomar conciencia de sus límites en la casa y en el exterior. Es enseñarle a respetar los lugares y las personas. Para ello tendremos que pasar por distintas etapas.

Entender y hacerse entender

Tenemos que «decir» algo al perro (y a menudo repetirlo), y él tiene que oírlo. Por lo tanto, tenemos que asegurarnos de que ha entendido bien y estar a la escucha de lo que él pueda «respondernos» (su descontento, por ejemplo). Hacerse entender y entender

■ ¡NO SÓLO DISPONEMOS DE PALABRAS!

La comunicación es un proceso que conlleva la emisión de una señal por parte de alguien y la recepción de esa señal por parte de otro (ese «alguien» también incluye a nuestro cachorro). La recepción de la señal en los perros, se consigue gracias a los cinco sentidos: el olfato es uno de los sentidos más desarrollados en ellos. Veremos la importancia que tiene en las relaciones con su amo. Los perros también oyen muy bien, aunque a veces se hacen los sordos... ¡a nuestras órdenes! Las jaurías de perros poseen códigos de vocalización muy precisos. Existe una raza que no ladra o lo hace de forma excepcional: los basenji. La vista también es un sentido que interviene en el proceso comunicativo: el perro nos ve, ve nuestros gestos y nuestras posturas. No olvidemos utilizarlo. Por último, el tacto es fundamental para una buena educación.

Aprendamos a hablarle.

al animal son las bases necesarias del intercambio indispensable para conseguir una buena educación. Para ello, es necesario conocer muy bien los mecanismos en que se basa la comunicación hombre/animal. «Sólo le falta poder hablar.» ¡Sí! ¡Todos los problemas se resumen con frecuencia así! Pero esto no debe ser motivo para que dejemos de comunicarnos con nuestro animal: tendremos que hacer el esfuerzo de encontrar otra forma de comunicación y de comprensión con los elementos (voz, gestos...) de que disponemos.

Tiene algo que decirnos. El lenguaje del perro

El perro emitirá, pues, señales que tendremos que entender. Emitirá sonidos (ladridos, gritos, gemidos...), nos hará gestos (orejas hacia detrás, cabeza de lado, morro arrugado...), utilizará su cuerpo (pelos de punta, rabo en movimiento...). Tenemos que permanecer «a la escucha».

Los sonidos

El perro no habla, pero emite sonidos cuyo significado varía en función de su naturaleza y de su intensidad.

Tipos

El registro de sonidos es el siguiente: nuestro cachorro puede emitir gritos agudos, gruñidos, aullidos, quejidos y, evidentemente, ladridos: ¡un programa completo, para el que necesitamos traducción!

Los primeros sonidos emitidos al nacer son los gemidos, los gritos agudos y también los gruñidos (de poca intensidad). Luego aparecen los ladridos, y más tarde los gruñidos más fuertes y los aullidos. El catálogo se completa hacia las tres semanas de edad. Así pues, cuando se empieza la educación, el perro ya sabe expresarse muy bien.

Significado

Los *gemidos* pueden ser la expresión de placer en el cachorro recién nacido. Más tarde se convierten siempre en signo de un dolor, de un miedo o de un malestar. No debemos permitir nunca que nuestro perro emita este tipo de sonidos cuando intentemos enseñarle algunas cosas. Esto significaría que no está en situación de escuchar porque está preocupado o angustiado por otras cosas.

Los *gritos* revelan un dolor físico.

Los *aullidos* son un signo de aislamiento, o simplemente de miedo a la soledad (puede aullar, por ejemplo, justo antes de nuestra marcha). Así mismo, pueden ser provocados por sugestión debido a sonidos parecidos al aullido (sirenas de ambulancias, instrumentos musicales) o por la emisión de aullidos de un congénere.

Los *gruñidos* expresan cólera, advierten simplemente de que «ya basta»; si el ser vivo al que va destinado el gruñido no lo tiene en cuenta y no modifica su conducta, podría acabar con un mordisco.

Los *ladridos fuertes* los emite un perro cuando está seguro de sí mismo (¡y con derecho!), y los ladridos agudos son los que utilizan normalmente los perros que dudan y que se están equivocando.

Estudiaremos a continuación los gestos.

Los gestos

El perro exterioriza numerosos sentimientos y sensaciones a través de los gestos. De esta manera se comunica con sus congéneres.

Pero es capaz de utilizar perfectamente esto mismo con los hombres. Seguramente hemos visto más de una vez a un perro inclinando la cabeza hacia un lado y luego hacia el otro, poniendo «los ojos tiernos» para que su dueño acabe cediendo y le dé el azúcar del café. Más adelante también veremos cómo el perro está muy atento a la expresión de nuestra cara.

Los elementos expresivos de la cara del perro son: la cabeza, las orejas, los ojos, los dientes y el morro. Cada uno de ellos puede expresar un sentimiento distinto. Hablaremos de ellos uno por uno.

Significado

El perro puede llevar la *cabeza* erguida. Esto significa que está seguro de sí mismo, pero sin excesos. Se encuentra «bien consigo mismo». Si la mantiene baja, representa un signo de sumisión o de gran timidez. Nuestro perro debe obedecernos, pero no tenernos miedo. Del mismo modo, no debe tener miedo de hacer un «ejercicio».

Las *orejas* también pueden estar erguidas (el perro se encuentra cómodo) o dobladas hacia abajo (expresan miedo o sumisión).

Los *ojos*: el perro no está acostumbrado a mirarnos «a los ojos». Entre congéneres, se trata de una señal de enfrentamiento. Pero su mirada tampoco debe ser evasiva. Tiene que mirarnos la cara o las manos.

Nunca debe «enseñar los *dientes*». Más adelante veremos cómo evitar este comportamiento. Se trata, sea cual sea la situación, de un signo de agresividad. El *morro* se frunce y la cara se llena de pliegues. El perro está preparado para el ataque. No podemos aceptar en ningún caso esta actitud; el animal dispone de otros medios para enseñarnos que está de mal humor y que debemos dejarlo tranquilo.

Además de con la cabeza, el perro también se expresa con el resto del cuerpo.

Las posturas

En la adopción de una postura intervienen: la cola, las patas, el cuerpo y el pelo. Como en los casos anteriores, cada sentimiento puede revelarse a través de la posición característica de cada uno de estos elementos.

Significado

Cuando la *cola* está en movimiento es sinónimo de excitación, que puede ser debida a un sentimiento de ira o de alegría. La simple visión de la correa puede provocar esta reacción cuando el cachorro ya ha comprendido, gracias a nosotros, que no se trata de un «instrumento de tortura» sino de un signo de salida. La posición normal de la cola es hacia abajo pero no entre las patas (menos en los perros en los que la posición de la cola es alta, evidentemente). La cola entre las patas es una actitud de sumisión. Las *patas* tienen que estar bien asentadas, y si no preparadas para saltar. Del mismo modo, cuando enseñamos una orden a nuestro perro, tiene que estar en posición de escucha, con el *cuerpo* «levantado» y no tumbado sobre el sofá o con las patas levantadas. Cuando los *pelos* se erizan es signo de nerviosismo, agresividad o cólera.

Sus reacciones: una mezcla

Esta mezcla de señales ya no tiene secretos ni complicaciones para nosotros. Aprenderemos rápidamente a conocer a nuestro perro. Estas que acabamos de conocer son, en efecto, las bases de los medios de expresión del perro, pero nuestro perro no se expresará del mismo modo que el del vecino. Las personas que han tenido varios perros nos confirmarán que todos son distintos, aunque sean de la misma raza. Estas bases nos permitirán simplemente descodificar con más rapidez el lenguaje de nuestro animal.

Nosotros ya lo entendemos y ahora le toca a él entendernos a nosotros. Para ello, se hace indispensable superar una etapa: tiene que «oírnos». ¿Cómo tenemos que expresarnos para conseguirlo?

Él tiene que «oírnos». Nuestro lenguaje

Ya conocemos el código de «lenguaje» que emplearán el cachorro y el perro adulto para «decirnos» algo. Ahora analizaremos los medios de que disponemos como amos para que les llegue una información. Tendremos que abstenernos, al principio, de utilizar las mismas formas de comunicación que con nuestros congéneres (podemos hablar con nuestro perro, pero de forma distinta).

Las palabras

Como ya sabemos, la principal capacidad de la especie humana es la de comunicarse con un lenguaje muy complejo.

Un lenguaje «de hombre»

Aunque parezca evidente, son muchos los amos que se olvidan de ello y que se empeñan en dar órdenes muy complicadas, y se extrañan luego al ver que el perro no reacciona. ¡Tiene buena voluntad,

■ **SU NOMBRE**

Una regla básica es la elección de su nombre. Tenemos que evitar nombres como *Acantilado de la montaña blanca*. Los criadores bautizan a menudo a los cachorros con nombres de este tipo, pero se trata simplemente de una forma de identificar su origen por medio de un nombre completo. No debemos dudar, y bautizaremos de nuevo a nuestro animal con un nombre más corto. Una o dos sílabas con una vocal dominante son suficientes. El perro no percibe el nombre entero. Nombres como *Rex*, *Vic* y *Tom* quizá ya no estén de moda, pero el perro los comprende muy bien.

pero no entiende nada! Debemos aceptarlo. El perro no entiende todas las palabras y, por lo tanto, tendremos que utilizar palabras sencillas, cortas y a menudo las mismas. Veremos esto de nuevo en el apartado «Utilización de nuestras "herramientas" de comunicación», pág. 25.

Resumiendo: tenemos que adoptar, sencillamente, la actitud de un extranjero que quiere hablar otra lengua y que, al conocer sólo pocas palabras, utiliza siempre las mismas y se ayuda de los gestos para completar su vocabulario.

¡Pero no cualquier tipo de gestos!

Los gestos

Esta forma de comunicación, que se utiliza frecuentemente cuando se va a otro país, es

■ **GESTOS Y PALABRAS**

Es muy importante que nuestros gestos sean congruentes con las palabras que pronunciamos cuando nos dirigimos al perro. El animal los comprenderá mirándonos y escuchándonos. Pero está demostrado que si nuestras palabras no son consecuentes con nuestros gestos, el perro sólo se fijará en los gestos. Pongamos un ejemplo: le reñimos gritando, y al mismo tiempo lo zarandeamos cogiéndolo por la piel del cuello. Como ya veremos, esto no les provoca dolor y es muy eficaz si la presión de la mano es firme.

Aunque nos enfademos mucho, si la presión de nuestra mano no es lo bastante fuerte, el perro, de este intercambio, sólo recordará el gesto. Si el gesto ha sido «suave» y realizado sin seguridad, no habrá notado la severidad del diálogo, puesto que el gesto será el protagonista. Nosotros estaremos convencidos de que el animal ha comprendido la «gravedad» de la situación puesto que hemos gritado. Pero la realidad es que el perro lo habría entendido mejor si hubiéramos gritado menos fuerte y si nuestra mano hubiera mantenido la piel del cuello con más firmeza. Los gestos forman parte del lenguaje llamado *no verbal*, igual que la expresión de la cara y la posición del cuerpo. Siempre tienen las de ganar en los intercambios con el perro.

fundamental en las relaciones entre amo y perro. La utilizamos también en una simple conversación (en efecto, es raro que alguien se quede con los brazos quietos mientras habla).

Las expresiones de la cara

Los ojos son muy importantes en los intercambios humanos, pero no sucede lo mismo en el caso de las relaciones con el perro.

El animal utiliza sus ojos para mirarnos de cara, lo que puede ser una provocación, o, por el contrario, para adoptar una mirada huidiza, lo que es síntoma de sumisión. Cuando decimos que un perro nos mira con ternura, utiliza en realidad movimientos de cabeza y no una expresión visual real.

En cambio, los perros son muy sensibles a una expresión general de nuestra cara: la sonrisa, las cejas, la boca. De la misma manera que en los casos anteriores, esta expresión tiene que estar de acuerdo con las palabras. Si decimos: «¡Eres el perro más bonito!», con una voz suave y una expresión amenazante, el animal no pensará nunca que pueda tratarse de una declaración de amor.

También es necesario que utilicemos nuestro cuerpo.

El cuerpo

Nosotros «hablamos» con el cuerpo mediante la posición que adoptamos frente al perro y con nuestro aspecto. Nuestra ropa y nuestro perfume también tienen una gran importancia.

El hecho de que estemos lejos del perro no es razón para que el animal no pueda escucharnos. También deberemos educarle «a distancia» (hablaremos de esto más adelante).

La verdad es que es muy importante que nos obedezca desde lejos, para así poderle dar algunas libertades. El lenguaje de los gestos se vuelve entonces muy útil.

Para un intercambio de confianza y duradero, es necesario que nos entendamos. Para ello, tenemos que conocernos a nosotros y debemos conocer bien a nuestro perro. Esto nos permitirá alcanzar los objetivos generales planteados.

Aprender a conocernos

Sin tener que adentrarnos en el psicoanálisis para educar a nuestro perro, sí es necesario saber como mínimo de qué forma nos comunicaremos mejor con él como amo y no como ser humano. Profundizaremos más sobre estas nociones en un próximo capítulo («Las bases de la educación», pág. 19). Pero veamos ahora las nociones básicas que nos facilitará esa comunicación.

Nuestras bazas

Disponemos de palabras, gestos y actitudes, y lo que tenemos que hacer es analizar lo que utilizamos mejor. Algunas personas son muy expresivas y hablan con numerosos y amplios gestos. Otras personas tienen una cara muy expresiva y utilizan la mímica. Otras poseen una elocución muy clara, con una voz de entonaciones variadas. Si nuestro «encanto» se encuentra en el hecho de susurrar las palabras, tendremos que insistir en la comunicación gestual. Es muy importante, para te-

Debemos entendernos. El intercambio

Abordaremos ahora algunas nociones generales de psicología humana y canina.

Nuestra posición

Nuestra posición resulta muy significativa en los intercambios con el animal. Una posición encogida cerca del perro es, por ejemplo, una incitación al juego. Una posición de pie, mirando al perro desde arriba, es, por el contrario, una posición de dominación.

Para dar una orden, tendremos que adoptar la posición de pie. Para recompensar y felicitar al animal podemos ponernos en cuclillas.

Nuestras manos, nuestros brazos y también nuestro cuerpo entero pueden ser sinónimo de caricias para el perro. Ya nos daremos cuenta de que cuando un amo acaricia a su perro no utiliza únicamente las manos, sino que a menudo rodea también su cuello con los brazos.

■ LA ROPA

No se trata de vestirse de rojo durante tres meses para que nuestro perro nos reconozca. Nuestro animal será simplemente sensible a nuestro estilo. Si siempre vamos vestidos con ropas de deporte, se extrañará mucho cuando nos vea con traje de noche. Del mismo modo, se acostumbra a nuestro perfume y a los olores de la casa.

ner éxito en la educación, que el perro tenga puntos de referencia constantes.

El amo, las personas que lo rodean y su casa forman parte de sus puntos de referencia. Pero luego, cada persona tiene que diferenciarse de las demás. Esto es muy fácil entre los niños y los padres, por ejemplo. El perro no tendrá la misma actitud con los distintos miembros de la familia. Hay muchas personas que se sorprenden de que un perro sea tan cariñoso con los niños pequeños. Él los reconoce muy bien y esto es gracias a su forma de comunicación, basada en el aspecto físico. Los niños pequeños se comunican esencialmente con los gestos y con el tacto, y esto se encuentra más cerca de la forma de comunicación animal que las palabras.

Cuando hayamos conseguido delimitar nuestra forma de comunicación, intentaremos hacer lo mismo con la de nuestro animal, para podernos adaptar el uno al otro.

Aprender a conocerlo

Cuando sepamos cuál es la forma de comunicación que más dominamos (palabras, gestos, actitudes, etc.), tendremos que intentar encontrar el tipo de expresiones que nuestro perro parece comprender mejor (¿es más sensible a nuestras manos, a nuestra cara...?), esperando siempre que nos comuniquemos del mismo modo. Solamente tenemos que prestar atención, durante los pri-

■ AL UNÍSONO

En efecto, no se trata de utilizar con nuestro animal un lenguaje confidencial que sólo conozcamos nosotros y el animal. Infinidad de veces nos hemos encontrado con un miembro de la familia desamparado en ausencia del amo porque el perro parece que no escucha nada. Por eso, todas las personas que se encuentran en contacto regular con el animal tienen que comunicarse con él del mismo modo. También por este motivo la educación debe hacerse en familia. Es indispensable actuar al «unísono».

meros quince días, para ver de qué forma el perro responde a nuestras palabras, gestos y expresiones. De ahí obtendremos una forma de comunicación y de entendimiento.

Podremos tener un perro muy activo que sea muy sensible a las palabras, por ejemplo (aunque la mayoría de los perros entienden con más facilidad los gestos, como ya hemos visto). Tendremos que insistir al principio en esta forma de comunicación y acostumbrarlo luego, de forma progresiva, a un lenguaje gestual si no nos sentimos cómodos con este.

El entorno

No debemos actuar en secreto: es mejor poner al corriente a todo el mundo sobre la forma de comunicación que hemos elegido.

Abordaremos ahora las bases de la educación. Con esto queremos recordar que la educación, incluso realizada con mucho cariño, comporta una noción de jerarquía.

Hacerse comprender conlleva, a veces, una imposición de la voluntad. Los primeros tiempos de relaciones jerárquicas son quizá delicados, sobre todo si no tenemos este tipo de carácter; pero se trata de la etapa indispensable para mantener luego unas relaciones equilibradas con un animal... educado.

Las bases de la educación

Existen varios tipos de educación: estricta, relajada y, entre las dos, una mezcla de suavidad y firmeza. La educación, como veremos, está en función del carácter del amo (un carácter autoritario escogerá una educación estricta), de su forma de vida (horas de compañía, por ejemplo), del entorno (presencia o no de niños), del carácter de la raza (algunas son obedientes por naturaleza) y del carácter intrínseco del cachorro. A pesar de estas variaciones, algunas bases son inmutables y permiten adaptarse a todos los tipos de educación. Es lo que detallaremos en este capítulo.

La disponibilidad

Uno de los puntos esenciales de la educación familiar es que puede realizarse en cualquier momento del día... o casi. De hecho, es necesario que el animal esté disponible. Es necesario que esté atento a las informaciones que vamos a darle.

Si decidimos sacarlo, por ejemplo, para enseñarle a caminar con la correa, no debemos despertarlo de un profundo sueño.

Es necesario que lo sintamos receptivo y cómodo. Recordemos que, para ello, debe presentar la cabeza alta, las orejas tiesas, la cola horizontal, y se debe mostrar contento de aprender algo con nosotros. Si el perro se muestra sumiso, si «se hace el sordo», dejaremos para después la enseñanza o intentaremos que recupere la confianza.

No perder el tiempo

Los amos tienden a pensar que los primeros días no deben molestar al cachorro, y dejan que el animal haga todo lo que quiera. Un buen día deciden que ha llegado el momento de la educación, y cambian de comportamiento. Entonces, el perro no comprende la nueva situación. Por lo tanto, el primer día para comenzar la educación es el día de la adquisición del animal.

La primera noción es la de los puntos de referencia.

Puntos de referencia del perro

Nada más llegar a su nueva casa, el cachorro se construirá sus puntos de referencia. Es interesante conocerlos bien,

menudo muy bien vigilada. Los límites se señalan con olores. Los animales orinan en los árboles que delimitan su «casa».

Nuestro perro asimilará, sin duda, el apartamento o la casa como «su» casa. Extenderá la zona hasta el jardín, si lo tiene.

Veremos más adelante la manera de hacerle respetar estos lugares para que no los riegue de forma regular con su orina.

puesto que la estabilidad de estos puntos es fundamental para no fracasar en la educación y para el equilibrio del animal. Son cuatro: el territorio, el amo (y el entorno), los desconocidos y los demás animales. Debemos intentar utilizar estos puntos específicos y, sobre todo, modificarlos lo menos posible.

El territorio

El territorio del perro, aunque vive con nosotros, no es exactamente el mismo que el nuestro. Además tendrá que dividirse de forma distinta. En la naturaleza, el territorio de un animal o de un grupo es una zona prohibida al acceso de cualquier «extranjero», y a

En la naturaleza

Existen manadas de perros salvajes. Su territorio comprende tres zonas: el centro, que normalmente está ocupado por los dominantes; una zona intermedia, habitada por los machos a los que les gustaría ser jefes y sus hembras y, por último, la periferia, ocupada por los jóvenes machos.

Los cachorros de una camada organizan su territorio alrededor de la madre. Ella será la que los empujará un día a explorar el espacio y los «rechazará».

Nuestro perro no es un animal salvaje pero mantiene algunos comportamientos de sus antepasados.

En el exterior de la casa

La noción de territorio se encuentra muy presente, incluso en los animales de compañía. Simplemente, se expresará de forma distinta que en estado salvaje. En el jardín, o en la calle situada ante la casa, el perro se sentirá en su casa. Se mostrará amenazante ante cualquier otro perro que entre en su territorio.

En la casa

Así pues, el perro es lo que llamamos un animal *territorial* (a diferencia del gato). El cachorro delimitará rápidamente tres zonas en la casa: una para comer, otra para descansar y una tercera para hacer sus necesidades.

La educación consistirá en delimitar estas zonas con él. En efecto, está fuera de lugar que el propio perro elija el único sofá del comedor para instalarse. Nuestro papel también consistirá en hacer respetar estas zonas cuando las hayamos delimitado.

Hablaremos otra vez sobre este tema en el capítulo «El aprendizaje del territorio», pág. 65.

■ DISTANCIA DE SEGURIDAD

Existe una distancia llamada *distancia de seguridad*, comprendida entre los cinco y los diez metros. Si una persona o un animal sobrepasa esta distancia, el perro se escapa o ataca. Tendremos que obtener del perro, como veremos más adelante, una reacción intermedia gracias a la educación. Esta noción es muy importante, puesto que cuando el perro no puede beneficiarse de esta distancia de seguridad puede volverse agresivo. Es el caso de un animal atado delante de su casa y al que algunas personas vienen a molestar: el perro no puede retroceder para mantener una distancia de seguridad siempre igual frente al «agresor» porque está atado. Entonces se vuelve agresivo. Del mismo modo, muchos perros muy tranquilos se vuelven locos en cuanto se ven encerrados en un coche, ya que no tienen ninguna posibilidad de dominar la situación. Tenemos que intentar respetar siempre la necesidad de la distancia de seguridad. No debemos encerrar nunca a nuestro animal y, menos todavía, atarlo.

Los miembros de la familia

Haremos referencia aquí al amo y a todas las personas que viven de forma regular en la misma casa. Ya hemos visto que, aunque el amo es a menudo el más autoritario, todo el mundo tiene que participar en la educación. Esto también quiere decir que las reglas serán las mismas para todos. Si una cosa está prohibida, la prohibición tendrán que aplicarla los niños, los padres e incluso los abuelos. No es raro encontrarse con perros completamente desorientados cuando sus puntos de referencia han desaparecido. Su reacción es la de poner toda su energía en detectar a las personas con las que ellos pueden hacer lo que quieren. Una energía perdida que sería mejor utilizar en una educación seria.

El aprendizaje de los «demás» (personas y animales) es una de las bases de la educación. Dedicaremos a este tema todo un capítulo (véase pág. 79). Lo esencial es tener siempre presente que todos los miembros de la familia deben ser dominantes frente al perro. El perro tiene necesidad de esta «relación de fuerza». Los amos dominados por su perro se mantienen así hasta un cierto nivel. El día en que este nivel se sobrepasa, el perro no entiende que su amo esté harto y empiezan los problemas graves (como mordiscos y agresividad). La autoridad forma también parte de los puntos de referencia necesarios para el perro.

Los desconocidos

Las personas que no conoce también son un punto de referencia para el cachorro. Tendrá evidentemente una actitud de desconfianza. Gracias a la educación, no se transformará en agresividad. El problema es que el cachorro no hace distinciones entre las personas que conocemos y las que no conocemos. Para él todos son extraños. También tendremos que enseñarle esta noción de «amigos del amo».

Los otros animales

Son: su madre —que representa el primer contacto animal—, los otros perros (que pueden ser sus hermanos y hermanas) y los animales de otras especies.

Su madre

En el capítulo reservado al aprendizaje de los «demás», hablaremos de nuevo de la importancia de los otros animales, sean nuestros o no. Es absolutamente necesario que el perro consiga dominar sus tendencias naturales, que son el enfrentamiento y el ataque. Es necesario conocer los mecanismos para enseñarle esto. El primer punto de referencia animal del cachorro es su madre. Este lazo de unión le permite reconocer más adelante a los miembros de su propia especie. La ausencia de un animal de la misma especie durante el periodo neonatal puede provocar problemas graves en la edad adulta (agresividad e hiperafección por su amo). Este periodo de reconocimiento precoz recibe el nombre de *periodo de improntación*. El animal puede apegarse a cualquiera. Si no está su madre y permanece siempre en contacto con un peluche lo considerará como si fuera de su especie. Si recogemos un cachorro que su madre ha abandonado, es fundamental que lo pongamos rápidamente en contacto con otro perro.

Los otros perros

Un segundo punto de referencia son los perros que no conoce. Aprenderá a comunicarse con ellos según unos ritos establecidos: se trata del conjunto de actitudes que adoptará nuestro animal cuando se encuentre con otro perro. Veremos más adelante cómo «regular» estos encuentros. Pero veamos ahora lo que sucede de forma instintiva. Los perros se huelen, giran uno alrededor del otro, luego uno adopta el papel de dominante, y el otro, el de dominado. El dominado se coloca rápidamente en el suelo, sobre la espalda, presentando sus órganos genitales. Si ninguno de los dos adopta el papel de dominado, empieza la pelea.

Las demás especies

El cachorro presenta normalmente un comportamiento positivo hacia las demás especies hasta el mes de edad. Se acerca a los demás animales, los huele e intenta jugar con ellos. Luego, esta atracción disminuye y se instaura el miedo a lo desconocido. Veremos la importancia de la sociabilidad del cachorro, es decir, el contacto con otros animales desde los dos meses.

Todos estos puntos de referencia del animal de compañía son, evidentemente, iguales a lo que sucede en estado salvaje. Se atenúan con la educación, pero tendremos que aceptar que en algunos momentos nuestro perro encuentre de nuevo sus instintos. Entonces tendrá reacciones inesperadas, puesto que son incontrolables para él. La educación permitirá limitar estas salidas de tono.

Para un buen aprendizaje de las nociones básicas, debemos conocer siempre el comportamiento natural e instintivo del animal.

Esto permite comprenderlo y adaptar las órdenes y la forma de darlas.

Analizaremos ahora la forma de optimizar la utilización de nuestro lenguaje en función de la capacidad de comprensión del perro y de su comportamiento. En efecto, la utilización correcta de las palabras y de los gestos es una de las bases de la educación. Debemos saber expresarnos con él.

Utilización de nuestras «herramientas» de comunicación

Ya hemos visto anteriormente de qué disponemos para hacernos comprender por nuestro animal (la voz, los gestos, la mímica...). Veamos ahora cómo utilizar esto de la forma más eficaz. Ante todo, tenemos que recordar la siguiente regla esencial: nos comunicamos con él gracias a un lenguaje verbal y también a uno no verbal (gestos, sonrisas, posiciones). Los dos tienen que estar en armonía. Tenemos que entrenarnos en la utilización de nuestro cuerpo, nuestros brazos, etc.

Si el perro no nos escucha y no nos obedece, no tiene por qué ser culpa suya. A menudo, en el origen de tal comportamiento está una incomprensión de nuestro mensaje. Los amos dicen: «Mi perro no me escucha», pero nunca dicen: «Mi perro no me entiende». También tenemos que cuestionarnos. Esto es válido en cualquier tipo de enseñanza.

Confianza y credibilidad

Por medio de la autoridad, la confianza y la credibilidad crearemos relaciones afectivas con nuestro animal.

Cuando comunicamos una orden a nuestro animal, tenemos que mostrarnos seguros y confiados. Del mismo modo, nuestro discurso tiene que ser creíble. Nosotros notamos perfectamente bien si una persona cree en lo que está diciendo o no. El perro también percibe esto. Si no estamos seguros de nosotros, la relación amo/perro será falsa. Lo mismo sucede con el resto de los miembros de la familia. Todos deben tener claro que es normal que el perro no duerma en nuestra cama si lo hemos decidido de esta forma. De lo contrario, él aprenderá enseguida cuándo puede revolcarse sobre la cama, y ya no seremos creíbles a sus ojos cuando lo riñamos.

La autoridad también es muy importante para conseguir que el perro nos escuche. Permite obtener obediencia sin re-

■ ACEPTARNOS EL UNO AL OTRO

Una buena comunicación exige también un entendimiento perfecto entre las dos partes implicadas. Cuando un alumno aprende una técnica, sea cual sea, es necesario que tenga confianza en su profesor y que se establezcan relaciones de amistad. Ocurre exactamente lo mismo entre nosotros y nuestro perro. Durante el proceso educativo, él es nuestro alumno. Tiene que aceptarnos como amo y querernos. Son raros los casos en los que el perro no logra congeniar con la personalidad del amo. En este caso, la elección del perro tiene mucha importancia.

currir al castigo. Esto no quiere decir «ser más duro». Los niños tienen a menudo mucha autoridad sobre el animal, sin llegar a ser brutales con él.

Paciencia y buen humor

No debemos querer ir demasiado rápido con nuestro cachorro, porque los riesgos de fracasar se multiplican. La paciencia es la primera cualidad que debe tener el amo. Cuántas veces vemos a alguien hablar dulcemente a su cachorro que se niega a caminar con correa, para finalmente acabar arrastrándolo violentamente hasta casa. El cachorro recordará únicamente nuestro nerviosismo y será muy difícil renovar el aprendizaje.

Para ser pacientes tenemos que estar de buen humor, y siempre del mismo humor.

No podemos permitir que nuestra reacción ante un mismo disparate sea distinta en función del día. Si nuestro perro ha destrozado un par de zapatillas completamente nuevas, estaremos enfadados. Un par de zapatillas es un par de zapatillas y no hay más que hablar. Tenemos que ser constantes con nuestras órdenes, con nuestras reacciones y con nuestra actitud dominante.

¿Cómo podemos hacerlo? ¿Qué palabras debemos utilizar?

Las palabras

Es preciso ser breves y constantes, y estar tranquilos.

■ SEAMOS BREVES

Las palabras tienen que ser cortas, al igual que el nombre del perro (debemos evitar los nombres largos: dos o tres sílabas son suficientes).

Las órdenes serán breves (diremos: «¡Ven!», y evitaremos decir: «Sabes, ahora tienes que venir porque hay que volver a casa»). Los amos tienen a menudo la impresión de que son secos al ser breves. Una sola palabra puede decirse también muy dulcemente. Una orden muy larga no se entenderá.

■ SEAMOS CONSTANTES

Tenemos que utilizar siempre la misma palabra para una misma orden. Si hemos elegido decir: «¡Sentado!», no podemos cambiar a: «¡Siéntate!» o «¡Colócate allí!». El perro creerá que se trata de una orden distinta.

Todos los miembros de la familia tienen que utilizar las mismas órdenes.

Los gestos

No tienen que ser demasiado bruscos, para que no provoquen confusión y atemoricen al cachorro.

Generalidades

El «contacto» con el animal obedece a ciertas reglas. Unos gestos de felicitación demasiado exagerados, acompañados de gritos de alegría, pueden provocar en el animal tal miedo que lo incapacite para repetir lo que acaba de hacer, aunque nosotros nos sintamos muy satisfechos. Tenemos que acostumbrar también a los niños a la dulzura en la relación con el animal. Sus movimientos, a veces bruscos, pueden provocar reacciones de agresividad por parte del cachorro. Está claro que cada miembro de la familia tiene sus gestos característicos, pero se tienen que realizar siempre con dul-

■ **ESTEMOS TRANQUILOS**

Es preferible utilizar (si es posible) una voz grave, porque el perro está más atento. Esta es la razón por la que los perros escuchan más atentamente a los hombres que a las mujeres. Tenemos que evitar, sobre todo, los gritos. Un tono seco y autoritario es suficiente. Incluso una reprimenda tiene que hacerse con calma (pero con firmeza).
  Tenemos que hablar lentamente y vocalizando bien, y no debemos utilizar nunca palabras que se puedan confundir y tomar por dos órdenes distintas, porque corremos el riesgo de que el perro no sepa distinguir la diferencia de sentido de los dos términos. Volveremos a hablar de los términos que debemos utilizar para el aprendizaje de cada orden.

■ CARICIAS

La mano tiene que servir para acariciar y no para pegar. Observamos a veces perros atemorizados en cuanto acercamos la mano a su cabeza. Existe un gran número de caricias, y cada una tiene una significación particular que debemos conocer.

Las caricias sobre la cabeza, la nuca o el cuello se interpretan como un acto de dominación por parte del amo.

Las caricias debajo del cuello son, al contrario, muy agradables, e indican un gran afecto. Los golpecitos sobre el lomo, o incluso las grandes palmadas (según el tamaño del perro), son señal de amistad con un algo de dominación por parte del amo.

En la edad adulta estos significados desaparecen, a veces porque el perro comprende el comportamiento de su amo y aprecia también las pequeñas palmadas de amistad sobre la cabeza, si es la costumbre de este. Pero al comienzo de la educación es preferible utilizar estos signos, porque son los que el perro entiende de forma instintiva.

zura (excepto en algunos casos, que veremos más adelante, en los que el aprendizaje exige firmeza en los gestos, como, por ejemplo, para caminar con la correa).

Movimientos y posturas

Coger a un animal por la piel del cuello y zarandearlo es interpretado por el perro como un acto de cólera del amo.

Esto no hace daño en ningún caso al perro, aunque aúlle. Si utilizamos este gesto, tenemos que mostrar seguridad. La firmeza se entenderá si es justa y si nosotros mismos creemos en ella. Y cada miembro de la familia tiene que utilizarla con la misma convicción y firmeza.

Repetimos que los gestos tienen que ser complementados con la voz. Si decidimos «reñir» a nuestro animal tenemos que hacerlo con un tono seco.

Los pequeños movimientos de los dedos son muy útiles. El perro los percibe muy bien. Tenemos que intentar obtener lo que queremos con los movimientos más sencillos. De este modo, toda la familia los podrá utilizar. Por ejemplo: el dedo que señala el cesto significa que debe ir a dormir.

Levantar a un cachorro del suelo y hablarle con una voz fuerte le impresiona mucho. Es una postura de dominación completa del amo, al igual que girar a un animal sobre la espalda y mantenerlo así. Algunos perros lo hacen además de forma natural presentando su vientre para que los acaricien. La sumisión del animal es total en ese momento.

Es importante manipular al cachorro desde muy pequeño, tanto durante el juego como durante el cepillado. Tienen que realizarlo todos los miembros de la familia. Esta manipulación le permite saber quién es el amo, y dejarse curar o limpiar más tarde. Es muy penoso encontrarse con animales «intocables» cuando, en realidad, no se les realiza ningún daño.

Es importante aprender a acariciar al perro y a tocarlo, aunque esto pueda parecer superfluo.

Es lo que permitirá a nuestro animal entendernos correctamente.

La educación de un perro exige un conocimiento y un dominio de uno mismo perfectos, y también un control de los propios medios de comunicación, puesto que cualquier error puede tener consecuencias molestas. Quizá sea eso lo que significa ser un buen amo. Este autodominio adquiere su mayor importancia en la administración de las recompensas y los castigos, que abordamos a continuación.

Recompensas y castigos

Veamos ahora cómo utilizarlos correctamente y, sobre todo, cuáles son las reglas que se tienen que respetar para no equivocarse pensando que se está actuando de forma correcta.

Actuar de forma positiva

Existe una educación llamada *positiva*, que se basa esencialmente en las recompensas. Es lo que proponemos exclusivamente en este libro. En efecto, la educación punitiva no se puede practicar en familia, y quizá no sea la más aconsejada. Esto no quiere decir que el castigo tenga que excluirse de nuestra educación, sino que tiene que reservarse para situaciones muy particulares y utilizarse lo menos posible. La recompensa, por el contrario, será abundante y tendrá que darse cada vez que el animal haya actuado como el amo quería. La educación positiva utiliza lo más posible las actitudes y los comportamientos naturales del perro. Aprovecharemos el momento en que el perro se sienta para decirle: «¡Sentado!», y recompensarlo. El perro asociará entonces nuestra alegría o una golosina al hecho de que se haya sentado. Intentará empezar de nuevo, para agradarnos o para obtener un nuevo «caramelo». La recompensa aumenta mucho las posibilidades de reproducción de un comportamiento deseado por el amo, y es un método que se utiliza mucho en el adiestramiento de animales; las recompensas son a menudo la comida. La recompensa en la educación no será la comida cotidiana, sino algo inhabitual. Poco a poco, las recompensas serán más espaciadas y se mantendrá el comportamiento deseado.

El juego también se utiliza mucho en este tipo de educación, que es más larga que una educación punitiva, pero mucho más agradable para todos y más duradera.

Las recompensas permiten establecer una relación armoniosa entre el perro y la familia. Es más agradable para todos buscar una situación que comporte caricias que no una que comporte golpes.

¿Qué recompensas o castigos podemos utilizar?

Naturaleza de las recompensas y de los castigos

Tienen que ser inmediatos. No intentemos humanizar a nuestro animal proporcionándole un juguete dos días después de una buena actuación. No relacionará una cosa con la otra.

¿Cuándo se debe castigar?

Ya hemos visto que el castigo tiene que utilizarse de forma excepcional. Por lo tanto, es

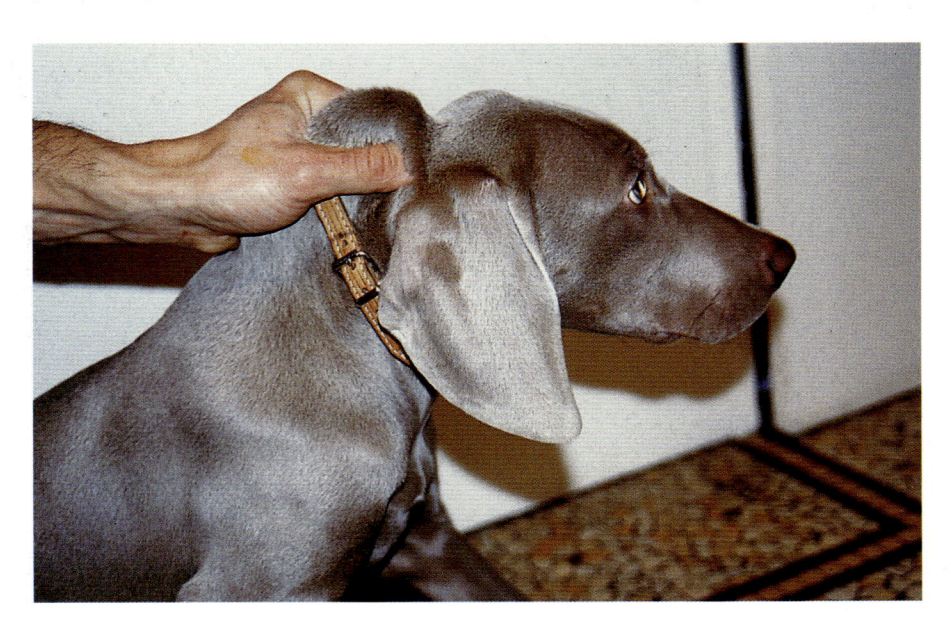

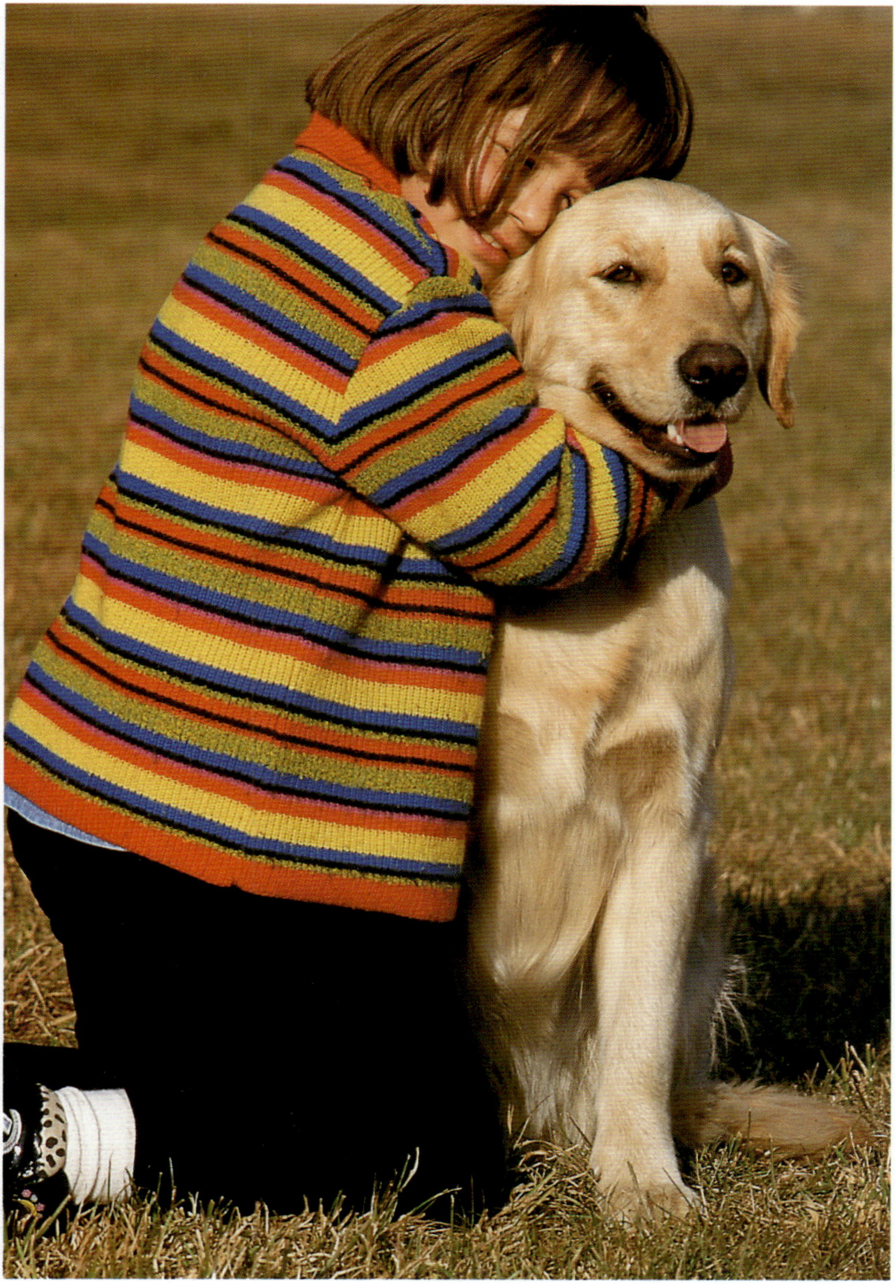

■ LAS RECOMPENSAS

La recompensa debe tener un valor inhabitual, excepcional. Es el equivalente a un regalo. El perro tiene que poder comprender que estamos contentos. Únicamente de esta forma repetirá lo que le pedimos, esperando provocar con ello nuestra alegría. El comportamiento, una vez adquirido, ya no necesitará de tales recompensas.

Pueden ser golosinas, si no tiene la costumbre de comerlas. Pero cuidado, no es necesario cebar a nuestro perro. Con un pequeño pedazo es suficiente; no hace falta darle toda la caja, aunque estemos muy contentos porque finalmente ha aprendido a hacer sus necesidades en el exterior. (Se recomiendan las galletas para perros).

También puede tratarse de caricias abundantes acompañadas por «palabras dulces» o simplemente frases afectuosas. Esto depende de nuestra naturaleza y de la de nuestro perro. Algunos amos son muy efusivos y prefieren los grandes abrazos a las galletas. Sobre todo no debemos «sentir vergüenza» al felicitar a nuestro animal.

■ LOS CASTIGOS

También esto tendrá que ser algo excepcional. Encerrar al perro en nuestra habitación o en su caseta no tiene sentido si normalmente puede ir allí cuando quiere. Por el contrario, meterlo en el garaje, donde él no va nunca, puede percibirse como un castigo. Debemos evitar golpear a un perro con la mano: la mano tiene que ser únicamente una «herramienta» para las caricias. Del mismo modo, la correa tiene que utilizarse únicamente en los paseos. Si queremos castigarlo, podemos utilizar un periódico, pero no tenemos que pegarle nunca con la intención de hacerle daño: podemos perder el control y sería peligroso. Podemos hacerle sentir miedo, pero el dolor físico no da nunca buenos resultados. Además, es necesario que este castigo sea accesible a todos. Lo más sencillo es agarrar al animal por la piel del cuello (como un conejo) pero sin levantarlo del suelo (apoyaremos la cabeza contra el suelo). Aullará porque, aunque no le duele, no le gusta de ningún modo. Lo soltaremos únicamente cuando deje de intentar soltarse y deje de aullar.

Ignorarlo completamente también es percibido como un castigo. Al perro no le gusta que su amo ya no se ocupe de él.

algo que nosotros le hemos prohibido formalmente, tendremos que ir a comprobar si alguien está poniéndolo nervioso o si un gato se encuentra cerca. De otro modo, el castigo se vivirá como una injusticia.

Una orden a su alcance

También tenemos que prestar atención a lo que pedimos a nuestro animal. Es inútil castigar por una orden no obedecida que está claramente por encima de sus posibilidades, necesario estar seguro de que vale la pena, e intentar no ser injusto.

Un error importante

Tenemos que asegurarnos de que el comportamiento problemático del perro es realmente debido a un error en su aprendizaje, y no a una causa inhabitual. Será preferible suprimir la causa que reprimirla de forma equivocada.

Si nuestro perro, por ejemplo, ladra en su caseta y es

bien porque es demasiado joven o porque no se encuentra dentro de sus capacidades.

Si pedimos a un fox terrier que no ladre cada vez que alguien pasa por delante de nuestra valla, nos costará mucho que nos obedezca y una educación por recompensa será más adecuada. Será preferible recompensar al animal cuando deje de ladrar y no reñirlo en el caso inverso.

¿Ha comprendido bien?

Tenemos que asegurarnos de que nuestro animal ha comprendido bien lo que le hemos dicho. No debemos «saltar» a la primera ocasión para castigarlo. Debemos tomarnos el tiempo de repetírselo y de «decírselo» de otra forma.

Siempre tenemos que castigar una misma falta: si el perro nos roba la comida, no debemos reñirlo sólo cuando se trate de un buen pedazo de carne, también debemos reñirlo por un pedazo de pan rancio.

Es necesario castigar, con calma y serenidad, una falta que valga la pena, pero es preferible no utilizar esta forma de educación.

Las reglas de base

Existen algunos principios que se tienen que respetar para optimizar estos métodos de educación.

Recompensas

Tienen que ser sistemáticas al principio y luego espaciarse. Tenemos que hacer esto una vez sobre dos y luego una vez sobre cuatro, etc. De lo contrario, el perro tendrá la sensación de que se trata de algo completamente normal y ya «no jugará más a este juego». Nuestra satisfacción será normal para él y ya no la buscará más. Así pues, esta búsqueda de la alegría del amo es la base de la educación positiva. No debemos tener miedo a ser ridículos. Una recompensa tiene que verse: grandes caricias, expresión de alegría (sin atemorizarlo). No obstante, no debemos otorgársela ante la realización incompleta de una orden. Si el perro nos ha pedido salir pero ha realizado sus necesidades sobre el felpudo, no vale; tiene que ir fuera para obtener la recompensa.

Castigos

El castigo no debe distanciarse nunca del momento del disparate, ni tan siquiera un instante. Si el animal ha hecho sus necesidades en la casa durante nuestra ausencia, no comprenderá en ningún caso por qué lo reñimos al volver. Peor todavía: asociará el castigo a nuestro retorno. Por esa razón es por lo que algunos amos piensan que el perro «sabe que ha actuado mal», porque se esconde cuando vuelven ellos. El perro tiene simplemente miedo del retorno de su amo. Además, puede ser que no haya podido impedir hacer un disparate. Si lo reñimos en diferido, se esconderá en cuanto lleguemos, aunque no haya hecho nada malo.

También tenemos que evitar que sea siempre la misma persona la que riña al animal (si es posible, claro). De lo contrario, el perro ya no aceptará signos de afecto de esta persona. Representará para él el padre azotes.

Debemos mantener siempre la calma. El nerviosismo amplificará el castigo de forma equivocada.

El castigo tiene que detenerse inmediatamente después de un signo de sumisión del animal. Si nuestro perro orina por miedo o se tumba en el suelo no debemos continuar riñéndolo. Ya lo ha comprendido.

No debemos tener nunca remordimientos, se trata de una regla universal. El que ha castigado, al igual que los demás miembros de la familia, no deben ni «desmoronarse» ni consolar al animal.

Pasaremos a continuación al estudio de nuestra personalidad y al del carácter de nuestro cachorro.

LAS ENSEÑANZAS DE BASE

Encontraremos en este capítulo una serie de comportamientos fundamentales que debemos enseñar a nuestro animal. Pero esta clasificación que presentamos no responde en absoluto a un criterio de importancia.

De todos modos, lo más inmediato y necesario es el aprendizaje de los hábitos de limpieza, y también la llamada y las otras órdenes fundamentales: «¡Sentado!», «¡De pie!», «¡Quieto!», «¡Tumbado!».

Para el resto, nosotros mismos debemos decidir qué lugar ocuparán algunas órdenes en nuestra educación.

En efecto, si estamos seguros de que no dejaremos nunca solo a nuestro animal, el aprendizaje de la soledad no será urgente en esta situación.

En cualquier caso, no debemos abandonar este aprendizaje ni siquiera cuando se dé la situación citada antes, puesto que nuestra forma de vida puede cambiar de manera imprevisible. Un perro que ha sido educado de forma completa puede adaptarse a todas las situaciones, aunque algunas sean excepcionales para él.

■ ¿CUÁNDO SE DEBE EMPEZAR?

Recordemos que la educación tiene que empezar el primer día que el cachorro pasa en casa. Lo ideal es adquirir un cachorro de dos meses de edad para realizar una educación personalizada y completa. Si el animal ya ha recibido un aprendizaje por parte de otro amo, la personalización de la educación será más larga, pero si el animal es joven, todavía será posible. Si, en cambio, nos dan un cachorro de un mes de edad, debemos esperar a que tenga dos meses para empezar.

La naturaleza y el juego

Los métodos de aprendizaje que proponemos se basan en las capacidades naturales del cachorro. Debemos mantener siempre en la cabeza el aspecto lúdico de este aprendizaje. El juego como tal se utilizará mucho. Ya hemos precisado que no se trata en ningún caso de sesiones de ejercicios de unos minutos por día, sino de un aprendizaje continuo y dictado únicamente por las necesidades del amo, del perro y por la situación.

Antes de abordar «la limpieza», veamos cómo atraer la atención de nuestro animal para facilitar su educación.

La escucha

Ya hemos visto cómo hacernos entender por nuestro perro y cómo escucharlo, pero también él tiene que escucharnos. No es natural que un cachorro preste atención a otra «persona» que no sea su madre. En efecto, entiende tan bien sus ladridos o gruñidos que no se interesa por nuestro lenguaje. Así pues, debemos llamar su atención. Será necesario enseñarle a «escuchar» lo que le decimos sin distraerse.

La escucha comprende también la obediencia de base. Es mucho más difícil aprender estas dos nociones de forma general que por medio de órdenes precisas. Estos son sólo los primeros consejos que tendremos que poner en práctica en cada aprendizaje.

El primer día en casa

Para que el cachorro tome conciencia de su nuevo entorno (espacio y personas), debemos hacerle visitar el lugar y aclararle rápidamente los límites que se le imponen. Esta noción de límite territorial es el primer paso hacia la obediencia y hacia la escucha del amo. Hablaremos de forma más completa de ello en el aprendizaje del espacio.

Su espacio

Debemos decidir en familia, preferiblemente antes de la llegada del cachorro, el lugar en el que lo colocaremos: un pequeño rincón en el comedor o en la entrada, etc. Este será su primer refugio. Instalaremos un cojín. Tendrá que dirigirse a este lugar cuando nosotros se lo digamos.

Su familia

Tenemos que evitar enseñarlo a todos los amigos y vecinos el primer día. Tiene que tener muy claro quiénes son los miembros de su familia. Esto le permitirá saber a quién tiene que escuchar. Además, el cachorro se encuentra a veces algo estresado al haber dejado su «familia natal», y es difícil y cansado para él ver un desfile de gente en casa desde su llegada.

Volvamos ahora al tema de la elección del nombre del cachorro, un tema muy importante.

Su nombre

La forma más simple para el amo de llamar a su perro es asignarle un nombre. No se trata de algo tan absolutamente ridículo como creen algunas personas, que piensan que es otorgar demasiada importancia al animal.

La elección del nombre

Como ya hemos dicho, la elección del nombre es muy importante.

Para los perros de pura raza, el nombre deberá registrarse en el pedigrí e inscribirse en la RSCE (Real Sociedad Canina de España). A menudo los amos bautizan de nuevo a los cachorros de los criaderos, que tienen a veces nombres «imposibles». Lo esencial es elegir un nombre corto que «suene» bien. También es muy importante que el nombre sea del agrado de todos los miembros de la familia, y que tenga un cierto significado para todo el mundo (a veces se da al cachorro el nombre de un pintor o de un deportista, y esto no es ridículo).

En efecto, si el nombre del animal no gusta a nuestro marido o a uno de los niños y lo llaman de forma distinta, esto no es nada positivo para su educación. También tenemos que evitar los diminutivos. El perro no comprenderá siempre que nos referimos a él.

No hay que olvidar tampoco que nuestro perro tiene que estar dispuesto a aprender. Forzarlo un poco a veces puede ser bueno. Imponerle de forma autoritaria caminar con correa, por ejemplo, será desastroso.

Nosotros también debemos estar de buen humor; si no soportamos que cometa el más mínimo error, es inútil intentar ir más lejos.

Empecemos con el aprendizaje de la limpieza.

La limpieza

Normalmente, el aprendizaje de la limpieza es el que preocupa más a los amos. A menudo tienen mucho miedo de no conseguirlo y de tener que limpiar durante toda la vida las necesidades del perro. Pero tenemos que tranquilizarnos, porque esta situación es muy rara.

¿Cuándo y por qué?

Sobre todo no debemos preguntar a nuestro alrededor a qué edad los animales se vuelven limpios, porque esto

■ «DE TAL AMO, TAL PERRO»

Tenemos que educar bien a nuestro perro, porque siempre destacarán más sus defectos que sus virtudes y pueden llegar a compararlos con los nuestros.

■ EL PRIMER APRENDIZAJE ES EL MÁS IMPORTANTE

El aprendizaje de la limpieza es el primero que se tiene que poner en marcha. Las malas costumbres sobre este tema son muy difíciles de eliminar y la reeducación de un animal sucio es muy delicada.

Este aprendizaje condiciona a menudo todos los demás, porque si el amo no lo consigue se sentirá incapaz de criar a un perro o considerará que el suyo no entiende nada. Entonces, las relaciones amo-perro se degradan mucho, y son poco propicias a una educación fácil y satisfactoria.

Por lo que respecta al plano anatómico, el control de los esfínteres (lo que les permite «retener») no es completo antes de los cuatro meses. El cachorro comprende bastante rápidamente (hacia los dos o los tres meses) que debe hacer sus necesidades fuera del lugar donde duerme (lo aprende de su madre, que lo rechaza del «nido» para que haga sus necesidades). Le es más duro asimilar que tiene que hacerlo fuera de la casa. En un primer tiempo, puede hacerlo en la casa pero en un lugar preciso; luego tiene que salir lo más rápidamente posible.

varía de un perro a otro. El único resultado que obtendremos es asustarnos si el nuestro está un poco «atrasado». No debemos inquietarnos antes de los siete u ocho meses, aunque la norma se sitúa entre los cuatro y los seis meses.

El porqué de la limpieza no se plantea (aunque algunos amos que poseen perros pequeños, del tipo york o chihuahua, no siempre están convencidos de que sea indispensable que realicen sus necesidades fuera): ¡los retretes para perro están fuera! (Veremos también que no deben hacer sus necesidades en cualquier sitio). No es muy saludable que un perro haga sus necesidades siempre sobre una moqueta o en el balcón, aunque se trate de un perro de pequeño tamaño.

Las reglas de base

El aprendizaje será fácil si respetamos estos cuatro principios.

No esperar

El aprendizaje tiene que hacerse entre los tres y los cinco meses. «Yo espero que sea más grande y que entienda que tiene que hacerlo fuera». No debemos seguir este consejo que algunos amos adoptan de forma equivocada. En efecto, el cachorro de tres meses comprende fácilmente las órdenes que le damos.

Los pequeños accidentes

De todos modos, debemos saber que existe durante un cierto tiempo la posibilidad de «accidentes», incluso en un animal que ya es limpio. No debemos aceptarlos, pero sí tolerarlos. De la misma manera, debemos perdonar los pequeños descuidos debidos a la emoción. Los castigos se tienen que olvidar formalmente durante el aprendizaje de la limpieza. El aprendizaje de la limpieza es un ejemplo de una educación positiva a base de recompensas. Es útil recordarlo, puesto que algunos amos no soportan «dejar pasar» los pequeños pipís por el suelo.

La limpieza

No debemos limpiar nunca los «estragos» delante del animal: nuestra posición en cuclillas y con una esponja o un trapo en la mano lo incitarían al juego. No debemos castigarlo, pero tampoco debemos mostrarnos contentos cuando se olvide. Colocarle la nariz encima es bastante negativo. El perro no siente un asco particular por sus deposiciones, pero, al sentir nuestra repulsión, la próxima vez lo hará bajo una cama para que no lo veamos (esta es además la prueba de que entienden muy bien incluso cuando son pequeños). También puede llegar a comerse sus deposiciones, especialmente en la fase juvenil.

Reducir «la casa»

No podemos evitar los «lavabos» en la casa, porque el cachorro tiene que estar totalmente vacunado antes de salir a la calle (aunque existen desde hace poco vacunas que permiten sacarlos antes). El tiempo durante el cual el cachorro hace sus necesidades en la casa tiene que ser lo más corto posible.

Veremos ahora cómo actuar de forma natural para obtener un cachorro limpio sin padecer estrés y rápidamente.

En casa

Los «retretes»

En la casa, el cachorro necesita tres espacios de vida bien diferenciados (volveremos a hablar de ello en el aprendizaje del espacio): uno para comer, uno para dormir y uno para vivir y jugar.

¡No debemos mezclarlo todo!

En la práctica, esto significa que debemos evitar colocar los periódicos para sus necesidades justo al lado de la escudilla o del cojín para descansar.

Tenemos que delimitar una zona para las necesidades: lo más sencillo es en el lavabo o en un rincón de la cocina (opuesto al rincón de comer). Colocaremos algunos periódicos. Debemos evitar la fregona, que está siempre húmeda y es poco agradable al contacto. Un lugar interno de la casa es preferible al balcón, puesto que el cachorro no establecerá claramente la diferencia con la calle, y esperará luego a entrar para hacer sus necesidades en el balcón. De la misma forma, si estamos en una torre, debemos evitar que haga sus necesidades en el jardín. Las deposiciones del perro no molestan en un principio, pero a menos que se tenga un bosque como jardín, nos encontraremos enseguida recogiendo las de nuestra pequeña bolita que ahora pesa 40 kg. Podemos acercar, poco a poco, los periódicos a la puerta de entrada. Esto nos permitirá sacarlo enseguida en cuanto se coloque «en posición».

■ **LA CLAVE DE LA LIMPIEZA**

Nunca debemos perder de vista lo siguiente: un animal limpio es el que hace sus necesidades fuera y no sobre un periódico en casa.

La clave de la limpieza está en detectar el momento, en la rapidez y en las recompensas.

Los signos precursores

A continuación, debemos observar la vida de nuestro perro durante el día y detectar los indicios reveladores de las ganas de hacer pipí. El cachorro acostumbra a girar en círculos, a oler por el suelo, y luego se agacha. En ese momento todo depende de nosotros y debemos ser rápidos.

Debemos colocarlo enseguida sobre los periódicos y, cuando haya acabado, recompensarle (caricias, golosinas para perros, etc.).

Para obtener esta manifestación de alegría, el cachorro se situará por sí mismo sobre los periódicos.

Pero, en ese momento, debemos «empujarlo» enseguida a hacerlo fuera.

Fuera

El problema en casa es que es necesario observar continuamente al cachorro para detectar enseguida sus necesidades. La ventaja de obtener una limpieza en el «exterior» es que el perro «coge un ritmo». De esta forma, podremos sacarlo a horas regulares sin tener que observarlo constantemente.

Durante el día

El nuevo obstáculo es el hecho de que el perro tiene que «pedir» para salir o bien esperar la hora del paseo. Ya no puede ir sobre su periódico cuando tiene ganas de hacer sus necesidades.

Así pues, durante los primeros días, tendremos que decidir por él y adelantarnos a sus deseos.

También es muy importante regularizar sus necesidades. Notaremos que el cachorro elimina después de una buena siesta y después de las comidas. También nos percataremos de que un cachorro duerme a menudo y come a menudo. Así pues, tendremos que sacarlo a menudo.

El ritmo que tenemos que adoptar es el siguiente: sacar al animal después de las comidas, después de los periodos de siesta y después de los momentos de juego. Ya no debemos esperar los signos precursores de las necesidades, puesto que el tiempo de prepararnos, colocar la correa, coger el ascensor... demasiado tarde, y en el ascensor, precisamente.

Es preferible alimentar al cachorro a horas fijas y no darle nada entre comidas. Esto facilita la regularidad de sus deposiciones.

Una vez fuera, nos limitaremos a una zona precisa para que haga sus necesidades: uno o dos árboles, por ejemplo, en una calle tranquila para no asustarlo (los olores que se impregnarán en el árbol lo estimularán para las siguientes salidas). Cuando haya terminado, y sólo en ese caso, extenderemos la zona de paseo. Debe comprender que primero tiene que hacer sus necesidades y luego pasearse. ¡De lo contrario esto puede durar varias horas!

Si hace sus necesidades rápidamente no debemos volver enseguida, porque podría retenerse para prolongar la salida.

No hay que tener miedo de hacer el ridículo al recompensarlo. Es necesario que el perro sienta nuestra «inmensa alegría». Más adelante, esperará con ilusión el momento del paseo para hacer sus necesidades y suscitar nuestra alegría. Cuando el ritmo ya se ha establecido, retenerse y hacer sus necesidades fuera se vuelve natural para él. Las caricias ya no son por fuerza necesarias.

Por la noche

Evidentemente, está fuera de lugar sacar al perro durante la noche (a menos que esto se corresponda con nuestro ritmo de vida). Pero podemos, en cambio, sacarlo por la noche lo más tarde posible y lo más temprano posible por la mañana en función de nuestros horarios. Al principio, el perro hará sus necesidades durante la noche sobre los periódicos y luego se retendrá. Si hace sus necesidades en la cocina sobre los periódicos no debemos recompensarle por la mañana (como hacíamos antes). No debemos decirle nada. En cambio, el día en que encontramos la cocina limpia, lo sacaremos en cuanto nos levantemos y le mostraremos nuestra alegría. Para ayudarle a retenerse durante la noche podemos quitarle el agua hacia las siete de la tarde, y con esto evitaremos las necesidades demasiado apremiantes.

En el capítulo dedicado a los fracasos (pág. 91) veremos las razones por las que

■ **COMPORTAMIENTO CÍVICO**

Los transeúntes sienten, en efecto, la misma repugnancia por las deposiciones sobre la acera que los amos por las deposiciones de su perro sobre su moqueta. Nuestra mascota esta incapacitada para esta tarea, por lo tanto corresponde al dueño recoger los excrementos (las tiendas de animales ofrecen una amplia gama de artículos para esta función) y contribuir de esta manera a mantener limpia la ciudad.

algunos perros no son siempre limpios de adultos. Si limitamos al mínimo el tiempo durante el cual el perro hace sus necesidades en el interior, y si no estamos demasiado estresados con la idea de equivocarnos, los riesgos de fracaso son mínimos.

Ahora ya estamos preparados para asegurar la limpieza del cachorro. Un último consejo: si queremos ir deprisa, hagámoslo con paciencia y con tiempo. Pasaremos ahora al aprendizaje de la soledad.

La soledad

Intentaremos explicar el interés de este aprendizaje en la vida del perro y del amo.

¿Por qué?

A menudo es muy delicado enseñar a estar solo a un cachorro, ya que los amos no siempre están convencidos de la utilidad de este aprendizaje. Esta actitud de los dueños suele conducir al fracaso.

En efecto, hemos explicado que el amo tiene que estar seguro de sí mismo, tiene que creer y estar convencido para que el perro confíe en él y aprenda con rapidez.

El perro tiene que saber quedarse solo en casa sin «aullar como un loco». Las personas que nunca han tenido que soportar los aullidos de un cachorro abandonado en un apartamento no pueden comprender la gravedad de la situación. Tenemos que evitarla a toda costa. Y sobre todo, si esta situación se produce, aunque sólo sea una vez, no debemos defender a nuestro animal minimizándola: son raras las personas que acusan a nuestro perro de aullar con mala fe y sin razón.

Debemos informar a nuestros vecinos de la adquisición de un cachorro: esto nos evitará recibir quejas desde el primer día. No porque peguemos la oreja a la puerta durante tres minutos el primer día al salir y no oigamos nada esto quiere decir que nuestro perro no va a aullar el resto del día. Aunque nadie sufra los ladridos de nuestro perro, este soportará mal la situación si no está acostumbrado a ella. Si no es capaz de estar solo, su ansiedad repercutirá en su conducta y pueden aparecer más adelante comportamientos inadaptados con sus negativas consecuencias (mutilaciones, destrucción, depresión). Lo veremos con más detalle en «Los fracasos: causas y consecuencias», pág. 91.

¿Cuándo?

Si adquirimos un cachorro durante nuestro periodo de vacaciones, rápidamente debemos acostumbrarlo sobre todo a permanecer solo. No debemos esperar a la vuelta al trabajo: sería demasiado duro para él. Si se ha pasado los quince días de Navidad mimado por todos, reaccionará muy mal cuando vea cómo se vacía la casa de gente un lunes por la mañana.

Nuestra partida

El punto esencial de este aprendizaje es el de no «ritualizar» nuestra despedida: es decir, no dar signos evidentes y repetitivos cada vez que nos vamos (buscar las llaves, ponerse el abrigo, abrazar al perro, etc.).

El ritual

Tenemos que evitar, al menos al principio, que el cachorro note los signos de una ausencia próxima y nuestra eventual ansiedad. Si el propio amo se culpabiliza de dejar al animal solo, este demostrará su ansiedad antes de que el amo se vaya, lo que a su vez aumentará la culpabilidad del amo, y todo esto afectará de forma negativa a la situación. El punto de partida de este círculo vicioso será la actitud del amo. Dando importancia a una situación que debe ser natural (el amo se va y el perro se queda solo), se crea una doble ansiedad (la del amo y la del animal). El miedo de uno activa el miedo del otro, y viceversa.

Tenemos que evitar llenar, por ejemplo, la escudilla del

■ LAS PRECAUCIONES QUE DEBEMOS TOMAR

Lo único que tenemos que hacer es predecir nuestra partida y no empezar, por ejemplo, a jugar con la pelota cinco minutos antes de dejarlo solo.

Lo más sencillo es no ocuparnos de él el cuarto de hora antes de nuestra marcha. Debemos dejarlo tranquilamente en su rincón.

Tenemos que preparar nuestras llaves y el abrigo antes, y así evitaremos dar vueltas por toda la casa para encontrarlas y asustar con ello al perro.

Es conveniente sacarlo para que haga sus necesidades antes de marcharnos, pero no justo antes. Hay que evitar que esto se transforme en «signo» de partida. Esta salida es inútil para los cachorros que no pueden contenerse durante largo tiempo.

Conviene también evitar dejar algún objeto frágil o peligroso al alcance del cachorro.

perro antes de irnos como si no fuéramos a volver en quince días. Puede esperarse hasta la noche para comer. Al cachorro le encantará que nos ocupemos de él con tanto cuidado, y luego, cuando nos vayamos, se quedará sorprendido y decepcionado al vernos marchar.

No es positivo acariciarlo como si no fuéramos a verlo más y colmarlo de palabras amables. El sentimiento de abandono será mucho más fuerte después de estas expresiones de ternura.

Tampoco debemos irnos a escondidas y sin hacer ruido. El perro tiene que ver cuándo nos vamos.

La soledad existe

Nuestro cachorro se dará cuenta antes o después de que nos hemos ido. Así pues, está solo y la situación se complica.

Para pasar el tiempo

Para empezar, debemos dejarlo solo durante espacios de tiempo cortos para que comprenda que volvemos siempre. Esto es muy importante para cachorros que han vivido en refugios y que a menudo han sido abandonados. Quizá no distingan entre cinco minutos y media hora, pero tienen una cierta noción del tiempo que pasa. La primera vez podemos dejarlo solo durante unas dos horas.

Puede ser útil las primeras veces dejarle la televisión o la radio encendidas. Estas estimulaciones visuales y sonoras permiten atenuar a veces el sentimiento de desamparo total debido al silencio. Pero existe un punto de controversia acerca de esta técnica. Algunos especialistas piensan, por el contrario, que el hecho de poner la radio muestra al cachorro que nos vamos y provoca su ansiedad. Podemos enchufarla un poco antes de irnos (probemos y veamos cómo reacciona). También podemos dejarle huesos de cuero para que muerda y juguetes para que se entretenga. Algunos perros necesitan ser útiles para sentirse bien. El papel más fácil que le podemos dar es el de guardián. Podemos dejarle al cachorro un objeto (sin valor) que nos pertenezca para que lo vigile: un bolso, un jersey, etc.

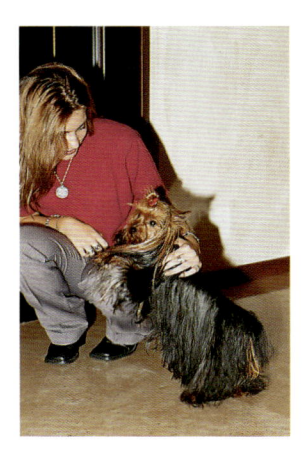

El espacio

Tenemos que evitar encerrar al animal en una habitación que no es habitual para él, para limitar los destrozos. Es verdad que es muy tentador dejar al perro en el cuarto de baño, porque es muy difícil que consiga destruir el lavabo, pero esto será muy mal percibido por nuestro animal: considerará este «aislamiento» como un castigo del que ignora la causa. El sentimiento de injusticia también existe en ellos.

Tampoco es muy útil abrir las puertas o las ventanas del jardín o del balcón para que

■ **LOS EVENTUALES DESTROZOS**

Tenemos que evitar castigar al perro si se han producido algunos destrozos. Es verdad que a veces es muy duro mantener la calma cuando nuestra mejor silla está completamente destrozada. El castigo nos calmará, pero no será eficaz para una próxima vez. En efecto, el perro lo asociará con nuestro retorno y no con sus disparates, y con cada retorno, se reproducirán las escenas de miedo: fugas, deposiciones, etc. (ya hemos visto que el perro no puede entender el castigo en diferido).

Lo único que debemos hacer es ignorar al perro. Debemos poner todo en orden cuando no esté presente. Obtendremos muy buenos resultados gracias a la educación positiva.

Si hay destrozos debemos ignorarlo durante una hora. Si no hay destrozos, lo felicitaremos efusivamente, pero después de respetar un tiempo de descanso. Dejaremos nuestras cosas y luego nos giraremos hacia él y lo felicitaremos. El momento de descanso permite no asociar la recompensa a nuestro retorno, sino a su buena conducta. Esto tenemos que hacerlo después de una ausencia corta para que relacione inmediatamente nuestras caricias con su buena conducta.

tenga más espacio. Los riesgos de accidentes son seguros. Además, el perro puede excitarse por el paso de la gente o de los animales del exterior y ladrar, mientras que estando en el interior no lo hubiera hecho.

Ya nos hemos ido. ¡Cuidado con la vuelta!

Nuestro regreso

La ventaja de las ausencias cortas es la esperanza de que los destrozos sean mínimos. No es siempre así, porque algunos cachorros son de una destreza y de una rapidez ejemplares en el arte de la destrucción.

Los sentimientos

Estamos contentos de volver a verlo, y él también. Esto está muy bien, pero nuestro retorno no puede transformarse cada vez en un reencuentro. Debemos intentar contener nuestra emoción y acariciar a nuestro perro cuando esté más tranquilo. Cuando el aprendizaje de la soledad se haya acabado, podremos dar rienda suelta a nuestras emociones.

De lo contrario, el perro, esperando que volvamos y le hagamos fiestas, «se preparará». Se pondrá nervioso, cogerá un zapato, lo mordisqueará y así comienzan los desastres.

Caminar con correa

Este aprendizaje es esencial, en una ciudad, para la seguridad del perro y de los demás. También es muy útil en el campo, para evitar las peleas. Aunque no queramos llevar siempre a nuestro perro con la correa, debemos enseñarle de todos modos en un primer momento a caminar con ella. Porque, en efecto, si nunca le hemos obligado a ello, será incapaz de acostumbrarse.

Debemos recordar que la correa es obligatoria en numerosos locales públicos. Se trata de un gran problema para la vida del perro y del amo que el animal la rechace. Si más adelante queremos dejarlo suelto, tendremos que enseñarle la llamada.

La correa y el collar son herramientas muy importantes. Debemos escogerlas de forma correcta.

La correa

Las correas que se enrollan no son muy útiles al comienzo. Permiten simplemente otorgar más libertad de movimientos a un perro que no obedece a la llamada, y también permiten «dominar» a nuestro perro a través ella. Las correas de hierro y otros metales son inatacables y comprenderemos la importancia de esta cualidad después de haber comprado nuestra quinta correa de cuero en quince días.

Debe tener un metro de longitud. No se aconsejan las correas muy cortas.

La elección del collar y de la correa

Podemos combinar evidentemente los colores, pero existen criterios de elección más importantes.

El collar

Tendremos que cambiarlo cuando el perro sea adulto. No debemos comprar un collar inmenso con el fin de evitar la compra de otro: nos encontraremos rápidamente con el collar solo al final de la correa, puesto que el cachorro habrá pasado la cabeza a través de él.

Los mejores collares para este tipo de aprendizaje son los collares llamados estranguladores, de cuero y de metal. No debemos asustarnos, porque no estrangulan al perro (pero no compre los que llevan púas). Permiten simplemente una buena conducción de la información del amo al perro a través de la correa.

No debemos elegirlo demasiado pesado.

Las campanillas y demás accesorios musicales no son aconsejables porque pueden asustar al cachorro. Los arneses son útiles para los perros pequeños, pero no son ideales para este aprendizaje.

Correa, collar: papeles y costumbres

La correa asociada al collar permite transmitir información útil para el aprendizaje.

Papel de la correa

El amo dará pequeños tirones con la correa. No debe tener otro papel que este.

No debemos pegar nunca a nuestro perro con la correa. Esta tiene que ser una señal de paseo y de alegría para el perro.

Debemos evitar atarlo en algún sitio durante demasiado tiempo (delante de un almacén, por ejemplo). Esto le haría asociar la correa con una «prisión».

El juego puede ser una técnica de aprendizaje, pero la correa en sí misma no es un juego.

El perro no tiene que morderla ni tirar de ella. No debemos permitir ni animar al perro a que tenga este tipo de comportamiento. Tiene que «respetar» su correa.

Ya veremos más adelante que debemos ser siempre nosotros los que tomemos la iniciativa de la salida.

Un perro que le lleva a su amo la correa es enternecedor pero a veces también puede resultar «peligroso».

Las relaciones de jerarquía se encuentran entonces equivocadas (véase «Los fracasos: causas y consecuencias», pág. 91).

Porte del collar

Primero tenemos que acostumbrar al cachorro a llevar el collar y luego la correa. Los paseos se transforman a menudo en una pesadilla cuando lo sacamos a la calle la primera vez: tira hacia el lado contrario e intenta quitarse el collar. En esos casos la gente siente pena del cachorro y no del amo que no sabe qué hacer.

Debemos suprimir cualquier idea negativa de la correa. No debemos tratar de colocársela a la fuerza acorralándolo contra la pared. Es un mal comienzo. Debemos transformar esto en un juego.

Intentaremos colocar el collar mientras nos divertimos con él. Vigilemos que no se haga daño.

Debemos apretar lo suficiente para que no pueda pasar su mandíbula inferior o su pata dentro y lesionarse. Debemos dejarle el collar de forma permanente, así se acostumbrará más fácilmente y no lo asociará con el aprendizaje de la correa.

Al principio podemos ponerle la correa igualmente en casa sin cogerla para banalizar esta herramienta.

Ahora ya tenemos todo en la mano: el cachorro, el collar y la correa.

¡Ya podemos salir!

¿Dónde podemos enseñarle?

La elección del lugar es muy importante para no fracasar en este aprendizaje desde el principio. Podemos empezar muy bien en nuestro apartamento, como si se tratara de un juego. (Si tenemos niños, pueden encargarse ellos.) A veces el perro acepta mejor la autoridad de los niños cuando pueden asumirla.

El juego tiene la ventaja de no estresar al animal. Pero veremos que tiene que ser organizado. Luego, ya podemos salir a la calle.

Debemos evitar, si podemos, salir desde el primer día por calles muy concurridas y con mucho movimiento.

Ya veremos cómo las estimulaciones visuales y sonoras del animal, desde muy joven, son fundamentales para su futuro equilibrio.

Pero no debemos acumular las dificultades ni asociar el aprendizaje a una estimulación desagradable. Los ruidos de la calle pueden darle miedo. También tiene que estar concentrado para seguir nuestras indicaciones. Los transeúntes, conmovidos por el cachorro, lo distraen a menudo llamándolo o acariciándolo. Además, no entienden que no apreciemos su actitud.

Las calles más tranquilas nos permiten evitar estas situaciones.

Luego probaremos con las calles más transitadas en hora punta para que el perro pueda salir sin angustia a cualquier hora del día.

La progresión en la intensidad de las estimulaciones (ruidos, transeúntes, etc.) tiene que ser lenta.

¿Cómo debemos enseñarle?

Debemos mantener siempre la correa floja sobre el lomo del perro: no tiene que estar nunca tensa. Esto nos permitirá realizar pequeños tirones cuando queramos llevar al animal hacia nosotros. El perro tiene que caminar cerca de nuestra pierna, sin adelantarnos jamás.

Evitaremos que gire alrededor de nosotros y enrolle su correa, y que dé vueltas continuamente. Caminar con correa no es una «marcha forzada», pero exige al principio una cierta disciplina. Es aconsejable hacerle caminar siempre por el mismo lado. Esto le permite saber dónde colocarse con relación a nosotros, y no ir sin parar de un lado para otro. Es necesario atraer su atención, porque seguramente se distraerá por todos los ruidos de la calle (aunque no sean muchos).

Debemos hablarle y añadir a su nombre la orden «¡Al paso!». Si no respeta esta posición y nos sobrepasa, debemos decir: «¡No!», y tirar suavemente de la correa para que vuelva a su lugar.

Si obedece, hay que felicitarlo. Si se queda rezagado, daremos un pequeño tirón con la correa para acercarlo hasta nosotros. Pero no debemos tirar continuamente. Debemos hacer esto durante los «paseos para hacer pipí», así evitaremos transformar este aprendizaje en un ejercicio. Tiene que hacerse de forma natural.

También podemos darnos una palmada en el muslo para traer al perro a nuestro lado en el momento de salir. No debemos ceder nunca y acabar, por ejemplo, con el cachorro en los brazos. Si es necesario, podemos arrastrarlo con cuidado. Al principio, es mejor no alejarse demasiado de la casa, porque esto nos permitirá volver fácilmente en caso de gran fatiga.

Saldremos, por lo tanto, dos o tres veces al día, presentando siempre este paseo como un juego al cachorro.

También podemos dejar suelto a nuestro perro, pero al mismo tiempo debemos enseñarle «la llamada».

La llamada

Es una pena que algunos propietarios no suelten a su perro debido a la ansiedad que les provoca la idea de no poder recuperarlo y volverlo a atar al terminar su paseo. Enseñarle la llamada permite evitar esta situación.

Pero parece ser que lo más difícil es hacer que el perro entienda esto.

¿Cómo se le puede decir que tiene que volver? Se trata de una orden llena de ambigüedades.

Saber decirlo

La orden de la llamada es a menudo totalmente incomprendida por el perro. Peor: puede entenderla a la inversa.

Nos explicaremos. Para llamar a su perro, la mayoría de los amos grita (¡o berrea!) simplemente el nombre del perro. Este, muy atento, escucha, observa desde lejos a su amo y espera para recibir una orden precisa como: «¡Rex, sentado!», pero no oye nada. Para el propietario, el hecho de gritar sólo el nombre del perro le parece suficiente para hacer que vuelva. Pero el animal espera el resto. Así pues, no hace nada cuando en realidad estaba dispuesto a escucharnos. ¡Nos ponemos nerviosos! ¿Cómo podemos arreglarlo?

Dar una orden precisa

Primero tenemos que asegurarnos de que el perro nos ve.

■ LOS MALENTENDIDOS DE LA LLAMADA

Es muy importante felicitar a nuestro perro cuando vuelva, aunque haga «un buen rato» que lo esperamos. No es aconsejable castigarlo, aunque sea una actitud tentadora.

Lo llamamos, le gritamos y nos ponemos nerviosos a menudo. Es verdad que no hay nada que ponga más nervioso que un perro que no vuelve al cabo de dos horas de carreras desenfrenadas por el parque. Podemos pensar que está cansado (¡nosotros lo estamos!) y vemos natural que regrese, pero él no. Cuando el perro se decide finalmente a acercarse a su amo, este le propina un buen guantazo. Tiene la intención de hacer comprender al animal que no ha vuelto bastante rápido y que la próxima vez tiene que volver en cuanto se le llame.

¿Pero qué entiende el perro?: «He vuelto y me ha pegado: la próxima vez no volveré». El perro ha asociado, en efecto, el castigo con su vuelta, y no con el hecho de que no ha vuelto enseguida. El resultado es que el animal responde cada vez menos a la llamada. El amo lo mantendrá con la correa casi de forma permanente. Todo el drama se centra en este malentendido.

No debemos realizar grandes gestos en el vacío. Si vemos que está con otros perros, es inútil llamarlo. Debemos acercarnos para llamar su atención y acompañar siempre su nombre de otra orden: «¡Rex, ven!» o «¡Rex, aquí!». Utilizaremos siempre el mismo término.

Por otra parte, ya hemos visto que el perro es muy sensible al lenguaje gestual y que, cuando este lenguaje está en contradicción con las palabras, «sólo escucha» los gestos.

Cuando el perro, al llamarlo únicamente por su nombre, no vuelve, los amos realizan grandes gestos de nerviosismo. El perro entiende entonces que su amo no está contento y no se atreve a volver.

¿Dónde podemos enseñarle?

Podemos empezar, como hicimos para enseñarle a caminar con la correa, con una prueba en casa.

Podemos dar una palmada mientras lo llamamos por su nombre, y a continuación, ordenarle: «¡Ven!».

Aprovecharemos las situaciones naturales para hacerlo: por ejemplo, nos encontramos en la cocina, él está en el pasillo y lo llamamos. Si viene, lo felicitaremos.

Lo enviaremos a su cesta durante diez minutos antes de las comidas y luego lo hacemos volver para comer. No se trata realmente de «la llamada», pero es un cebo muy eficaz. Repetiremos esto a menudo durante el día en forma de juego. Luego debemos salir al exterior. El primer día de aprendizaje es bastante delicado, porque el amo todavía no está seguro de que el perro vaya a responder a la llamada y a pesar de eso debe arriesgarse a soltarlo. Es necesario actuar de forma progresiva.

Escogeremos para la primera vez un espacio grande pero cerrado, como un gran jardín privado. De esta forma, podremos dejar correr al perro libremente y luego pedirle que vuelva cuando esté lejos. No hay riesgo de que se pierda. La segunda etapa es un espacio no cerrado, pero en el que podamos ver al perro de forma permanente y desde cualquier sitio: un prado sin árboles, por ejemplo, evitando los bordes de las carreteras.

La tercera etapa es un bosque en el que el perro puede desaparecer detrás de los árboles y volver cuando lo llamemos. ¡El aprendizaje será entonces perfecto!

¿Cómo tenemos que enseñarle?

Dejaremos correr al perro en libertad por el espacio escogido y luego nos agacharemos dando una palmada para invitarlo al juego. Pronunciaremos al mismo tiempo su nombre seguido de «¡Ven!». Separaremos los brazos para acogerlo. Intentaremos hacer esto cuando el perro todavía no está muy lejos.

Lo felicitaremos efusivamente a su «vuelta».

Repetiremos la misma orden cuando el perro se encuentre más lejos, y aumentaremos de forma progresiva la distancia de llamada entre él y nosotros.

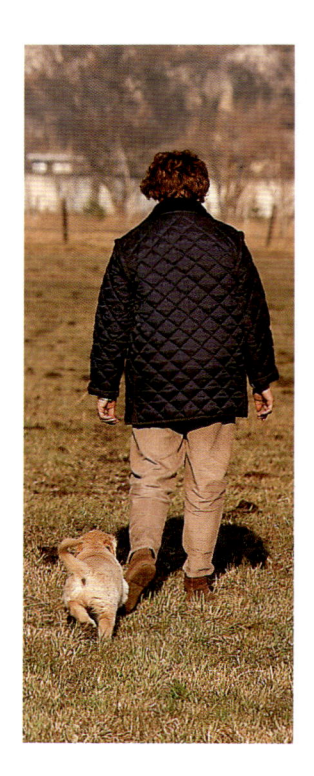

Si a pesar de esto no vuelve, nos alejaremos en sentido inverso, simulando que no lo vemos, desinteresándonos de él. El animal vendrá para alcanzarnos, creyendo que nos vamos a marchar de forma definitiva.

Tenemos que evitar correr detrás del perro intentando alcanzarlo. Se lo tomará como un juego y se escapará con gran placer.

Si llamamos a nuestro perro justo antes de irnos y le colocamos la correa enseguida se sentirá decepcionado. Asociará su vuelta con la partida inmediata, y quizás otro día no nos escuche.

No debemos colocarle la correa enseguida, para que no

se sienta castigado por haber vuelto. Nos pasearemos todavía un rato y le pediremos que camine a nuestro lado. Le colocaremos la correa y seguiremos paseando un poco más. Llegamos ahora a la situación más delicada: el perro está muy lejos, con otros perros, y nosotros hablamos con algunos amigos. Son las situaciones extremas. Un perro bien educado tiene que volver a pesar de estas condiciones. Al principio, intentaremos llamarlo a menudo y lo felicitaremos a su vuelta.

Debemos provocar las situaciones delicadas.

«¡Sentado!», «¡De pie!», «¡Quieto!», «¡Tumbado!»

Para estas cuatro órdenes podemos educar a un perro utilizando únicamente sus actitudes espontáneas. Este aprendizaje es bastante fácil y puede hacerse en forma de juego. Es bastante raro ver perros que no responden a la orden de «¡Sentado!» a menos que lo hagan adrede. Además, el perro parece muy receptivo a estos términos desde los dos meses. Los niños pueden adoptar este aprendizaje.

«¡Sentado!»

Es muy importante que el perro se siente nada más recibir la orden para que pueda salir en sociedad con su amo. Si vamos a la peluquería con él, por ejemplo, sabrá ser paciente igual que en un almacén.

La posición de sentado es bastante natural en un cachorro, aunque no sea siempre perfecta. Normalmente se sienta sobre una sola nalga y tiene un aire algo inclinado.

El aprendizaje de esta orden puede hacerse de dos formas: de forma pasiva, aprovechando el momento en el que el cachorro se sienta por sí solo, y de forma activa, forzándolo a sentarse.

«¡De pie!»

Esta orden está estrechamente relacionada con la anterior, y su aprendizaje tiene que hacerse al mismo tiempo. En efecto, tenemos que aprove-

■ **MÉTODO PASIVO**

Cada vez que el perro se siente por propia iniciativa diremos: «¡Sentado!», y lo felicitaremos. Este método precisa mucha atención, y sobre todo sincronización.

Tenemos que anticipar muy bien el momento en el que el perro se sentará, para emitir la orden durante el acto. De esta forma asociará rápidamente la palabra y la recompensa con esta posición.

Lo más sencillo para evitar tener que observar al perro durante todo el día es aprovechar los momentos de juego. Le lanzaremos una pelota y veremos que se sienta de forma natural para observarnos en el momento del lanzamiento. Aprovecharemos para decirle: «¡Sentado!», antes de lanzar la pelota.

■ MÉTODO ACTIVO

Consiste en provocar la posición de sentado en el perro, de distintas formas. No hay que presionar nunca sobre su grupa, ya que así suele resistirse e intenta rebelarse. Percibirá esta orden como una violencia y el ¡Sentado! se convertirá en una sumisión. Ya no la buscará como algo natural. Tenemos que lograr que el animal se sienta obligado a sentarse sin ninguna violencia física.

Percibiremos que, por una cuestión de equilibrio, un perro que levanta la cabeza y la coloca cada vez más hacia atrás está obligado a sentarse. Utilizaremos esto para este aprendizaje.

Cogeremos un pedazo de galleta y lo colocaremos bajo la nariz del perro. Levantará la cabeza para observar, y entonces alargaremos nuestro brazo hacia su grupa. Para poder observar el pedazo de galleta levantará la cabeza hacia atrás, y si pasamos nuestro brazo (siempre en dirección a la grupa) por encima de la cabeza, se sentará. No pensará en darse la vuelta. Todos los perros se sientan de forma instintiva ante este ejercicio. Únicamente nos queda decir: «¡Sentado!», en el momento preciso, y ofrecerle el pedazo de galleta. Estas sesiones se realizan como un juego.

La siguiente etapa es la de no ofrecer más dulces y hacer que se siente levantando el dedo y diciendo «¡Sentado!».

Luego, en la última fase del aprendizaje, el perro se sentará únicamente después de la orden verbal.

También podemos levantar la cabeza del perro con nuestra mano, tocar la babilla (articulación de la pata posterior) y decir: «¡Sentado!». Este método deja menos iniciativa al cachorro y puede parecerle más violento. Puede ser útil para los perros que tienden a saltar sobre la golosina en lugar de sentarse.

charnos del hecho de que el perro, cuando ya se ha sentado, sólo tiene ganas de una cosa: de levantarse.

Cuando está sentado tenemos que decirle: «¡Quieto!», para que no se mueva. Luego, cuando se prepare para levantarse, diremos: «¡De pie!».

Los primeros días tenemos que ser muy rápidos, porque el perro se sienta y se levanta enseguida.

Debemos conseguir poco a poco que permanezca en la posición de sentado el mayor tiempo posible y que se levante únicamente cuando le digamos: «¡De pie!». Esto se obtendrá de forma natural después de algunas sesiones de juego y de recompensas y caricias.

Es verdad que esta orden tiene menos interés en la práctica que la primera. Si un amo se levanta para irse, el perro irá tras sus talones enseguida sin que nadie se lo pida. En cambio, es muy interesante que el perro comprenda bien el sentido de «¡Quieto!».

«¡Quieto!»

Este término es algo abstracto para el perro, porque no se corresponde con ningún cambio de posición en relación con «¡Sentado!».

Así pues, se trata de una palabra distinta para mantener una posición. La única forma de que el perro la comprenda es recompensarlo cuando haya permanecido sentado un tiempo bastante largo. Esta duración depende de la impaciencia del perro. Lo importante, para nosotros, es notar que ha permanecido sentado cuando en realidad tenía ganas de levantarse. Se ha esforzado por mantener una posición, y esta es la razón por la que su amo lo felicita, aunque sólo haya durado unos segundos. Los signos de impaciencia del perro se manifiestan cuando intenta levantarse moviendo su tren posterior de derecha a izquierda.

En la primera etapa no se atreverá a hacerlo, y en la segunda ya no se moverá. Lo conseguiremos gracias a las recompensas.

«¡Tumbado!»

«¡Tumbado!» tiene una función parecida a «¡Sentado!». Somos nosotros los que tenemos que escoger una orden solamente o saber si queremos enseñarle estas dos nociones a nuestro perro.

También podemos utilizar aquí el método pasivo, pero esta posición es menos natural en el cachorro que la de sentarse. Además, cuando el cachorro se tumba por sí solo, tiende más bien a dejarse caer o a revolcarse que a tumbarse correctamente. Si queremos que esta orden pueda utilizarse en sociedad, el perro tiene que tumbarse «de forma útil», es decir, ocupando un espacio mínimo, y no totalmente estirado, entorpeciendo el paso.

¿Cómo podemos conseguirlo?

También en este caso utilizaremos una golosina. La colocaremos delante de las patas del perro, en el suelo. El perro bajará la cabeza para olerla. Alejaremos a continuación la mano y la dejaremos otra vez en el suelo. El perro seguirá con su nariz la golosina y adoptará una posición tumbada. Entonces diremos la palabra «¡Tumbado!», en el momento en que adopta la posición.

El doble sentido

Lo ideal es hacer que el perro entienda que esta posición se corresponde también con un lugar de la casa: su cesto. Así pues, lo mejor es realizar este ejercicio al lado del lugar donde duerme. Podemos hacer el siguiente juego: le lanzamos una pelota, tiene que traérnosla y volver a continuación a su cesto, siguiendo la orden de «¡Tumbado!», para que se la volvamos a lanzar.

El punto de partida es siempre el cesto después de decir: «¡Tumbado!». Al cabo de varias sesiones habrá comprendido la regla del juego. A partir de entonces, se tumbará después de la orden.

Tenemos que evitar el empleo de esta orden para castigarlo y enviarlo a su cesta, al menos al principio. Tampoco se debe utilizar sólo para reñirlo, ya que entonces «¡Tumbado!» sólo tendrá el significado de desaparecer rápidamente después de hacer algún disparate.

Cuando se utiliza el término con dos sentidos (para una posición y para un castigo) el perro siempre tiene miedo cuando oye esta palabra, y se tumba allí donde se encuentra en una actitud de sumisión. No es lo que buscamos en una educación familiar.

Las comidas

Las reglas de las comidas tienen que ser muy estrictas si queremos evitar que el perro coloque sus patas sobre la mesa para acabarse los platos, o que nos empujen en el brazo durante toda la comida. Se trata de actitudes que quizá nosotros soportemos de nuestro perro, pero que no podemos permitir que tengan que ser soportadas por nuestros invitados.

El cachorro descubre enseguida la importancia de las comidas. Desde sus primeras horas de vida se pelea con sus hermanos y hermanas para mamar. En la naturaleza y en el momento de mamar, son los dominantes los que comen primero.

Los dominados observan cómo comen los otros. Es muy importante que el amo tenga una posición dominante. Ya veremos que el cachorro tiene que comer después de sus amos y no reclamar nada.

Las situaciones en las que la jerarquía entre amo y animal no se respeta refuerzan la dominación del perro, y como esto se reproduce todos los días, el perro se siente cada vez más seguro de sí mismo y más fuerte.

Esta posición crea numerosos problemas relacionales con el amo y perturba la educación.

Las reglas de la alimentación son fundamentales para el aprendizaje de la jerarquía.

■ SUS CUBIERTOS, SU MESA

Desde la llegada del cachorro tenemos que atribuirle una escudilla propia. Si tenemos dos animales necesitaremos dos escudillas. Tenemos que evitar coger uno de nuestros platos: es mejor comprar una escudilla para perro.

Después de cada comida la lavaremos y la guardaremos. El cachorro no tiene que jugar con ella.

La mesa del perro es el suelo. El cachorro tiene que comer desde un principio en un espacio reservado para él. Hay que evitar la entrada de la cocina, porque mientras el perro come nadie tendrá acceso a ella, y en este caso ya no podremos hablar de una posición de sometido.

Tampoco es necesario que le hagamos comer en el sótano. Un pequeño rincón tranquilo de la cocina será perfecto. Tiene que comer después de nosotros y solo.

El segundo servicio

El cachorro debe asistir a las comidas de su amo y de la familia, pero tiene que comer después de nosotros. Ya hemos visto que el equilibrio de las relaciones amo-perro depende de ello.

El perro no debe pedir comida, y si lo hace no podemos ceder. Si el cachorro reclama, tenemos que ignorarlo o enviarlo a su cesta.

Si le ofrecemos un pequeño pedazo de algo porque nos da pena, estamos modificando la posición jerárquica del cachorro y lo transformamos en dominante. Evidentemente, todos los miembros de la familia deben tener la misma actitud. El que ceda no tendrá ninguna autoridad sobre el perro.

Debemos tener cuidado con los niños: el perro tiene que obedecerlos para evitar los accidentes cuando estén solos con el animal.

Cuando hayamos terminado de comer, pondremos la escudilla al perro. Actuamos entonces como los dominantes: nos vamos y dejamos que el perro coma solo.

■ TIEMPO LIMITADO

Debemos dejar la escudilla durante diez o quince minutos y luego retirarla, aunque no haya acabado. Se la volveremos a dar en la siguiente comida. Un perro no tiene que comer durante todo el día. De todos modos, comer a horas fijas es perfecto para el tránsito intestinal. Esto también es válido para nosotros mismos.

Ya hemos visto que la limpieza depende también de la regularidad de las comidas. El perro entenderá rápidamente que tiene que comer sin prisas pero dentro de un plazo limitado de tiempo.

¿Intocable?

No, ni el perro ni la escudilla tienen que ser intocables durante las comidas. Demasiados amos consideran normal que el perro gruña cuando tocamos su escudilla o su comida. Se trata de una actitud de dominación por parte del perro. Hemos de poder retirarle un hueso de la boca. Esto nos permite afirmarnos como amos y también permite retirarle alguna cosa peligrosa de la boca.

Además, los niños pequeños se aprovechan a menudo del hecho de que están comiendo y no se mueven para ir a acariciarlos. No podemos permitir que el perro se enfade.

Somos nosotros los que tenemos que provocar estas situaciones desde que son pequeños quitándole la escudilla adrede y luego devolviéndosela.

No se trata de sadismo: es fundamental para la obediencia del perro. Si gruñe, no debemos devolverle su comida, debemos esperar a que se calme para dársela de nuevo.

¿Qué menú tenemos hoy?

El menú

¡Sólo hay un menú, y siempre el mismo!

Una de las primeras reglas es darle comida para perro. Es decir, tenemos que evitar darle los restos de nuestra mesa.

Si decidimos adoptar un régimen alimentario en particular (comida en lata, croquetas o alimentación tradicional), no debemos cambiar.

Algunos amos piensan que las latas sientan mal a su perro. Esto se debe al hecho de que el perro come normalmente carne y pasta, y como su sistema digestivo no está acostumbrado a las latas, se pone enfermo.

Si cambiamos de régimen (durante las vacaciones, por ejemplo) tenemos que preverlo y adelantarnos unos diez días (introduciremos poco a poco, en la ración habitual, el nuevo ingrediente).

Cuando decidimos dar una comida al perro, si no la quiere, no debemos hacer nada. O está enfermo, y lo llevamos al veterinario para que lo cure, o es caprichoso, y no podemos dejar que diga la última palabra. Los amos esperan, al modificar la comida, encontrar lo que le gusta al perro. Pero esto sólo durará tres días, luego el perro se cansará y pedirá de nuevo otra cosa. No podemos ceder.

Un perro puede comer toda la vida el mismo menú. La mayoría de las veces es el amo el que se cansa por él.

El final de las comidas

El perro no necesita nada al final de su comida, y menos todavía el azúcar de nuestro café. Su salud depende del respeto de estas reglas. No tiene que comer nada entre las comidas, excepto las golosinas de recompensa. Si podemos reemplazarlas, de vez en cuando, por caricias, será todavía mejor.

La sexualidad

No vamos a decir que se trata para los amos de un tema tabú, pero todavía quedan algunas reservas para hablar de ello libremente. No existe realmente un aprendizaje de la sexualidad. Sólo proporcionaremos algunas reglas que se tienen que respetar, tanto por parte del amo como por parte del animal.

Son libres, pero...

Son libres, es verdad, pero existen límites que simplemente se imponen para la vida en sociedad de nuestro perro. Veremos cómo es normal que tenga ciertas necesidades sexuales, pero que también es normal que las reprimamos.

No debemos «ponernos en el lugar del perro» y sentir pena por él. Es cierto que un animal doméstico sometido al ritmo de vida de su amo es menos libre sexualmente que un animal salvaje. Pero es necesario que nuestro perro sea sociable y esto impone algunas reglas de conducta.

Así pues, algunos propietarios tienen la impresión de ser castradores al reprimir a su perro. Es corriente oírles decir: «Es normal que viva su vida». Pero cuando esto significa frotarse contra las piernas de todos los transeúntes es inaceptable. Algunas reglas se tienen que respetar, y no impiden para nada a nuestro perro vivir feliz.

La pubertad de los perros adultos se sitúa entre los diez y los doce meses, según las razas; los más retrasados son los más grandes, como el dogo alemán, ya que su crecimiento es más largo. En efecto, la época de celo es el síntoma de la edad adulta y del final del crecimiento.

Por esta razón no debemos castrar nunca un animal demasiado pronto. Es mejor esperar al primer celo.

No obstante, pueden aparecer manifestaciones sexuales un poco antes, hacia los cinco o seis meses. Es necesario estar atento desde el principio de la educación.

Las manifestaciones sexuales

Pueden existir durante los periodos de calor y fuera de ellos.

Durante la época de celo

Las hembras están en celo dos veces al año, por lo que el ciclo es de seis meses, aunque existen variaciones de uno a dos meses. El celo dura tres semanas, durante las cuales la perra sangra y sufre cambios en su comportamiento.

La hembra no es muy activa. Son sobre todo los machos los que vienen a verla, y durante este periodo, ella acepta su contacto, al igual que el apareamiento (algo que rechaza cuando no está en celo).

Los machos no tienen periodos muy bien definidos. Se ponen en celo cuando huelen a una hembra que está en celo. Esta es la razón por la que todos los perros machos de un edificio se vuelven «locos» en cuanto una hembra está en celo cerca de ellos. Olfatean por todas partes, y se muestran muy excitadas.

Fuera de la época de celo

Los perros machos tienden a frotarse contra las piernas. Se trata de hecho de un simulacro de apareamiento. También pueden hacerlo encima de los cojines.

El macho puede lamerse los órganos genitales. Por su parte, la hembra ejerce a veces frotamientos de la vulva, pero las manifestaciones en la hembra son menos frecuentes que en el macho.

Algunos perros intentan aparearse con otras especies. Se suben encima del gato, por ejemplo. Estas manifestaciones se dan a menudo durante el juego.

El cachorro se coloca sobre la espalda buscando caricias. Debemos estar muy atentos para no provocar esta demanda y no responder a ella sin darnos cuenta.

Su educación sexual

Es muy importante saber que todas las manifestaciones sexuales tienen para el perro el objetivo de poner a prueba la autoridad del amo y encontrar una posición de dominación (recordemos que en la naturaleza únicamente los dominantes tienen acceso a las hembras).

Como durante las comidas, es importante no ceder para mantener la jerarquía correcta entre el animal y el hombre. Además, es muy desagradable para los invitados o para las personas desconocidas sufrir los «asaltos» de un perro mal educado y ver al amo indiferente.

Si una manifestación «indeseable» (como el frotamiento sobre las piernas) se produce, ordenaremos: «¡Basta!» al cachorro, lo empujaremos y luego le diremos «¡Sentado!». Si insiste, lo enviaremos secamente a su cesta. Podemos cogerlo por la piel del cuello y meterlo dentro por la fuerza.

Es interesante destacar que, durante la época de celo, las hembras buscan las caricias del amo como hombre. Los perros machos hacen lo mismo con las mujeres.

Sea cual sea el caso, tenemos que rechazarlos y marcar las distancias durante esta época. Evitaremos acariciarlos durante un largo rato, por ejemplo. También es inaceptable que un perro gruña cuando su amo manifiesta ternura hacia su mujer. Esto hace sonreír a menudo a los amos, que lo encuentran enternecedor. Se trata en ese momento de una señal de dominación, y no de ternura. El perro no debe reglamentar nuestra vida. Ni los amos ni su entorno deben aceptar ningún comportamiento sexual en su presencia. Si queremos que nuestro perro o perra se aparee, no debemos asistir al acto.

La educación sexual del perro se realiza a base de prohibiciones, eso es cierto, pero estas reglas no tienen que ser culpabilizadoras para el amo.

El juego

El juego es muy importante en la educación de un cachorro.

Permite un aprendizaje de ciertas órdenes de forma menos estricta, y afianza las relaciones jerárquicas entre el perro, el amo y el resto de la familia. Existe una tendencia natural al juego en los animales jóvenes, pero estos juegos tienen que estar sujetos a normas.

Las reglas del juego

En una camada, los cachorros se buscan sin cesar y se mordisquean.

Esto les permite desahogarse, pero están muy vigilados por la madre, que no acepta los rechazos y la agresividad entre ellos.

De esta manera, también deben comprender enseguida que sus juegos, sin estar severamente reglamentados, se encontrarán con trabas impuestas por las reglas sociales humanas.

Es fácil reconocer un perro que tiene ganas de jugar: dobla sus patas anteriores, alza la grupa y ladra mientras da saltitos. Adoptan esta actitud para jugar con el hombre y también para jugar con sus congéneres. Más adelante adoptan posiciones de sumisión o de dominación.

Si nadie responde, el perro nos traerá un juguete. ¡Está clarísimo! La posición sentada o agachada de una persona es interpretada por el perro como una invitación al juego. Así pues, no debemos sorprendernos si vemos a un animal que nos coloca las dos patas anteriores sobre las rodillas o tira de nosotros cuando estamos agachados. Es la razón por la cual las órdenes tienen que darse siempre en posición de pie: de esta forma se diferencian del juego.

El juego, como ya veremos, no tiene que transformarse jamás en pelea, incluso entre perros. La frontera tiene que estar muy clara, pero no siempre lo está tanto en la cabeza del animal. Para evitar cualquier accidente, es fundamental escoger bien los juguetes, los juegos y los compañeros de juegos.

Nos toca a nosotros establecer las reglas.

■ **LOS JUGUETES**

Los juguetes tienen que ser objetos que pertenezcan exclusivamente al perro. Tiene que poder disponer de ellos de forma permanente. No debemos guardarlos.

■ SUS PROPIOS JUGUETES

Tienen que ser imposibles de confundir con un objeto del amo. Cojamos el ejemplo de la vieja zapatilla. Muchos dueños de algún perro dicen: «Dejémosela, no pasa nada, yo ya no me la pongo». El perro se lanza entonces con gran placer sobre la susodicha zapatilla (vieja) y la mordisquea alegremente. Luego, una mañana, el amo descubre su par de zapatillas nuevas también devoradas por el perro.

El amo está fuera de sí. Pero, ¿es esto normal? Pues sí. Porque, ¿cómo puede el perro establecer la diferencia entre un par de zapatillas usadas y unas nuevas? La respuesta es muy simple: no puede hacerlo de ningún modo, no posee ninguna noción sobre lo viejo y lo nuevo. Sucede lo mismo con las viejas pelotas de tenis o con los viejos balones. Así pues, no debemos darle nunca objetos que nos pertenezcan, juguetes de nuestros hijos ni objetos usuales.

■ **LA SEGURIDAD**

Tenemos que comprarle juguetes para perro, aunque en un principio esto pueda parecernos ridículo. Los juguetes de piel de búfalo son perfectos. Tienen la ventaja de que no «hacen ruido» y pueden ser comidos por el perro sin peligro para él. Además, desprenden un cierto olor que el perro reconoce. Si le compramos un juguete de tela para perro no debemos lavarlo nunca, porque el perro necesita reconocer su olor sobre los objetos que le pertenecen: juguetes, cestos, mantas.

También es importante velar por su seguridad: una pelota muy pequeña puede tragársela, cualquier objeto que se rompa puede quedar reducido a migas que pueden irritarle el estómago. Durante los primeros meses de vida, es muy frecuente tener que operar animales que se han tragado un objeto mientras jugaban. Estas operaciones son muy delicadas y por ello es mejor prevenirlas.

Los compañeros de juego

No se trata de dejar jugar a nuestro labrador únicamente con otros labradores: hay que conseguir cuanto antes que los compañeros de nuestro animal sean muy diversos, para que se haga sociable enseguida y poder evitar así futuros conflictos.

Los otros perros

Nuestro animal tiene que encontrarse con otros perros en espacios grandes. Para ello, tenemos que intentar llevarlo a grandes parques o bosques donde se admitan perros.

Tenemos que vigilar bien el desarrollo del juego, pero sobre todo debemos desatar a nuestro perro: es muy peligroso hacer jugar a varios perros con las correas puestas, pues son mucho más agresivos que cuando están sueltos. Si están sueltos establecen enseguida relaciones de fuerza y rápidamente van a dibujarse dominantes y dominados.

La correa transmite al perro el miedo del amo frente a una eventual pelea, y es la mejor forma de provocarla. Si pensamos que nuestro perro no responde lo bastante bien a la llamada, aplazaremos las sesiones de juegos algunas semanas y no lo dejaremos suelto todavía.

Las personas

Los juegos constituyen la ocasión para el cachorro de «poner a prueba» desde muy temprano al amo y a las personas de la familia. La «mano» tiene que estar siempre en el campo de la persona que juega con el perro. El control no debe dejarse nunca al animal.

La sesión tiene que poderse interrumpir en cualquier momento.

En este caso concreto, los niños también se tienen que educar. Deben respetar las reglas y evitar ciertos juegos.

También tenemos que enseñarles a permanecer tranquilos durante el juego y, sobre todo, a no gritar para no provocar manifestaciones de miedo o de agresividad en el cachorro.

■ JUEGOS PROHIBIDOS

Algunos juegos con las personas tienen que evitarse por completo. Todos los tirones en jerseys, trapos de cocina, correas o cualquier otro objeto tienen que estar prohibidos. No hacen más que poner nervioso al animal y alentar las manifestaciones de agresividad y los gruñidos. El cachorro pondrá toda su energía para ganarnos la partida, intentando arrancarnos el objeto de las manos. Estos comportamientos, que parecen anodinos en un cachorro, pueden volverse muy peligrosos al llegar a la edad adulta. Los mordisqueos en las manos también tienen que prohibirse. «Me muerde constantemente, le están saliendo los dientes» es la excusa que dan los amos sobre el comportamiento de sus perros. Si le duele la boca, tiene que morder su juguete de piel y no nuestras manos. Estas reglas son fundamentales cuando el perro juega con niños.

Los mordiscos, aunque sean suaves, pueden llegar a hacer daño. Si el cachorro empieza a gruñir durante una sesión de juego o no se somete a las reglas establecidas, tenemos que detener inmediatamente el juego e ignorar al perro. Si esto no es suficiente, tenemos que zarandearlo por la piel del cuello y enviarlo a su cesta.

¿Cómo jugar y a qué jugar?

Los juegos naturales entre cachorros se basan, a menudo, en las relaciones de fuerza.

Los límites desaparecen rápidamente, pero los perros no pueden permitirse esto con las personas.

¿A qué se puede jugar?

En casa, las sesiones de juegos tienen que reforzar la dominación del amo. Podemos jugar muy pronto a dar la vuelta al animal sobre la espalda, a sacarle su juguete de la boca (sin tirar fuerte). En el momento en que el cachorro parezca excitado o que exprese actitudes dominantes, interrumpiremos la sesión. Fuera, el perro tiende a jugar solo o a buscar a sus congéneres. Lanzarle un palo es uno de los posibles juegos, pero tenemos que conseguir que nos lo devuelva sin tener que tirar de él.

■ LOS PRINCIPIOS BÁSICOS DE EDUCACIÓN

Ficha n.º 1. La limpieza

Debemos
- Pensar lo más rápidamente posible en que haga sus necesidades fuera
- Sacar al cachorro después de cada comida, descanso o sesión de juegos
- Darle sus comidas a horas fijas
- Recompensar efusivamente
- Salir siempre al mismo lugar
- Suprimir el agua durante la noche

No debemos
- Dedicar una gran superficie (toda la cocina) para sus necesidades
- Sacar al perro al balcón o al jardín
- Castigarlo al cabo de un rato o meterle la nariz dentro
- Limpiar en su presencia

Ficha n.º 2. La soledad

Debemos
- Acostumbrarlo lo más rápidamente posible a ausencias muy cortas
- Avisar a los vecinos de los eventuales aullidos
- Ignorar al cachorro cuando nos vamos y cuando volvemos durante unos minutos
- Sacar al cachorro para que haga sus necesidades antes de irnos
- El perro tiene que ver que nos vamos

■ *(continuación)*

No debemos
- Tomar unos días de vacaciones para ocuparnos del cachorro
- Dar señales evidentes de que nos vamos
- Mimar al cachorro antes de irnos
- Encerrar al perro en una habitación
- Irnos a escondidas
- Abrir las ventanas

Ficha n.º 3. Caminar con correa

Debemos
- Elegir bien el material
- Acostumbrarlo al collar y a la correa en casa
- Sacarlo a pasear por calles tranquilas
- Hacer caminar al perro siempre por el mismo lado
- Dejar la correa suelta para poder tirar de ella cuando el perro no escucha

No debemos
- Hacerle daño al tirar de la correa
- Asustarlo con los coches
- Dejarlo caminar entre nuestras piernas
- Tensar la correa y tirar continuamente de ella

Ficha n.º 4. La llamada

Debemos
- Asegurarnos de que nos ve cuando le decimos que vuelva
- Darle la orden con precisión
- Recompensarlo cuando vuelva
- Ejercitarlo en casa a través de juegos
- Continuar jugando antes de salir

No debemos
- Hacer grandes gestos de nerviosismo
- Limitarnos a llamarlo por su nombre
- Reñirlo por su retraso
- Transformar esta orden en la «bestia negra» de la educación
- Irnos en cuanto le hayamos colocado la correa

Ficha n.º 5. «¡Sentado!», «¡De pie!», «¡Quieto!», «¡Tumbado!»

Debemos
- Aprovechar la actitud natural del perro
- Enseñar a través del juego
- Utilizar la técnica de la golosina
- Enseñar las cuatro órdenes al mismo tiempo

No debemos
- Forzarlo físicamente a tumbarse o a sentarse
- Transformar el aprendizaje en ejercicio
- Pensar que estas órdenes no sirven para nada

■ *(continuación)*

Ficha n.º 6. Las comidas

Debemos
- El cachorro debe tener su propia escudilla
- El perro ha de comer después de sus amos
- Sacarle la escudilla al cabo de un cuarto de hora
- No modificar el menú
- Calcular la ración que corresponde a su peso

No debemos
- Colocar nuestros platos en el suelo para que los lama
- Darle pedacitos de comida mientras comemos
- Darle más comida de la que necesita
- Ceder en sus caprichos
- Mirar cómo come el perro
- Aceptar que no se le pueda tocar la escudilla

Ficha n.º 7. La sexualidad

Debemos
- Reprimir las ganas del perro, incluso si son naturales, cuando somos nosotros su objetivo
- Rechazar al animal cuando está en celo
- Vigilar la actitud del perro frente a los niños

No debemos
- Estar presentes en los apareamientos
- Culpabilizarnos por reprimir la sexualidad del animal

Ficha n.º 8. El juego

Debemos
- Aprovechar las sesiones de juego para educar al cachorro
- Comprarle un juguete para perro
- Dejarlo jugar con otros perros
- Jugar con calma, deteniendo el juego en cuanto aparezcan síntomas de excitación
- Reñir al cachorro ante el más mínimo signo de agresividad

No debemos
- Ir a buscarlo para jugar (debemos dejarlo venir solo)
- Darle objetos nuestros como juguetes
- Mantenerlo atado con la correa mientras juega
- Gritar durante el juego
- Aceptar los juegos de tirones y los pequeños mordiscos

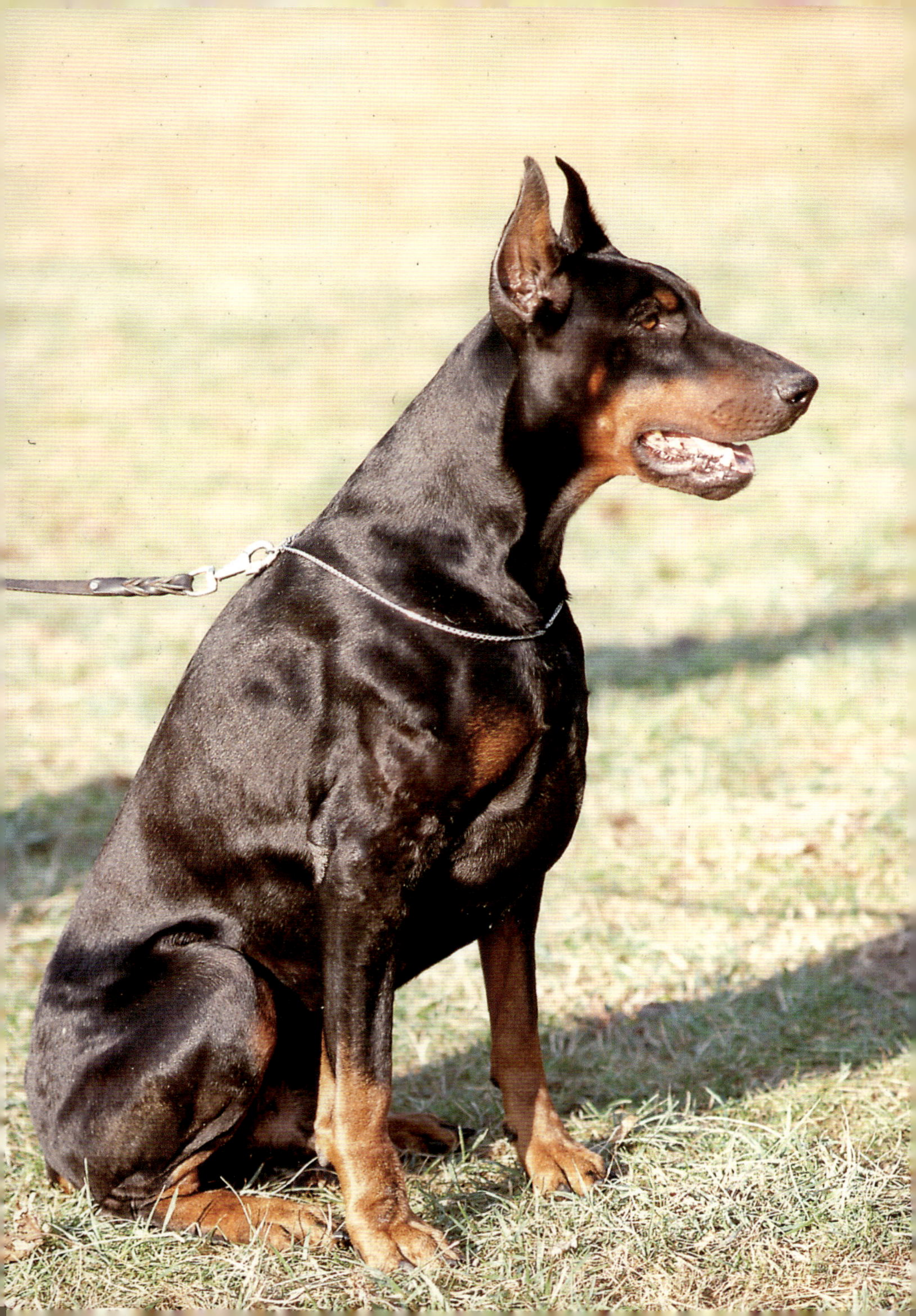

El aprendizaje del territorio

«Ven a mi casa, yo vivo en casa de mi perro». El aprendizaje del territorio consiste en evitar este tipo de constatación.

La gestión del espacio es fundamental para el buen comportamiento social del perro. La jerarquía es una de las reglas de supervivencia de los cánidos salvajes; los tres polos jerárquicos son: la alimentación, el espacio y la sexualidad. Los dominantes reinarán sobre el grupo e impondrán sus deseos de forma prioritaria. Pero algunos dominados intentarán sin cesar subir de grado y acceder a un lugar de dominado. Las peleas y los mordiscos son entonces frecuentes.

El perro también pondrá a prueba a sus amos y a su entorno, intentará imponerse. Se trata de un comportamiento normal. Pero nuestra respuesta tiene que ser clara: ¡nuestro perro vive en nuestra casa, no somos nosotros los que vivimos en la casa del perro! Esto parece evidente, pero las situaciones que prueban lo contrario son bastante frecuentes.

El lugar del perro tiene que determinarse antes de su llegada, y nosotros tenemos que hacer que lo respete. Como con la comida, el respeto de estas reglas es esencial para las relaciones jerárquicas entre amo y perro y para el éxito de la educación. Si el perro no percibe ningún límite concerniente a su espacio habitual, aparecerán algunos problemas de comportamiento que pueden ir desde el marcaje de todo el apartamento con la orina hasta la prohibición para entrar en nuestro propio apartamento.

Se trata de situaciones que pueden parecer cómicas al principio, pero que más tarde se hacen insufribles.

El aprendizaje del territorio no parece importante a los ojos de los amos. ¿Por qué el perro no va a poder dormir en la cama? Visto de forma puntual, es cierto que no es tan grave un perro sobre la cama. Pero el aprendizaje del territorio es fundamental para fijar el lugar jerárquico del perro, lo que permite una buena educación y un equilibrio para todos.

La casa, ¡es nuestra casa!

«Vivo en casa de mis amos»: esto es de lo que el perro tiene que convencerse, y lo más rápidamente posible. Nosotros lo ayudaremos.

Los perros dividen, en la naturaleza, su territorio en varias zonas que van a intentar encontrar en casa de sus amos. Será necesario conjugar nuestra vida, nuestros dominios y las necesidades de nuestro perro. El objetivo no es negarle la entrada en todas las habitaciones y aislarlo en el garaje, sino permanecer siendo siempre el amo de la situación y del entorno. Nosotros damos la autorización de entrada. En las manadas de perros algunos no se aceptan en todos los sitios. Los dominantes hacen la ley. Recordemos que el dominante somos nosotros, en cualquier situación. Así pues, el perro divide su territorio en tres áreas: reposo, comidas y limpieza.

El área de reposo: su habitación

Es imperativo decidir rápidamente, es decir, antes de la llegada del cachorro, cuál será su «lugar» en la casa. Nosotros instalaremos su caseta (una verdadera casa, un cesto o una manta).

El lugar

Esta zona no tiene que ser el centro de la casa o del apartamento. Tenemos que evitar colocar su cesto en mitad de la entrada. Necesitamos poder circular por nuestra casa sin tener que saltar por encima del perro continuamente. Aunque parezca no tener importancia que un perro se eche a lo largo en medio del pasillo estorbando el paso, esta posición es de dominación, puesto que cualquiera que desee pasar tiene que pedirle permiso al perro. Esto no es normal, sobre todo si el perro nos hace entender que no debemos molestarlo porque está durmiendo.

De esta forma, nos encontramos con perros que ladran de forma agresiva en cuanto una persona entra en su casa. Algunos, incluso, prohíben el acceso a la cocina cuando están comiendo. Se trata de situaciones más peligrosas que divertidas. Algunos propietarios se dan cuenta de ello demasiado tarde. Tenemos que evitar, en la medida de lo posible, colocar al perro en la habitación de los amos o en la de los niños. Esta zona es el área de reposo del amo. El perro no puede apropiarse de ella: se trataría de un signo de sumisión del dueño. En efecto, en la naturaleza, nadie puede entrar en el área de reposo de los dominantes. El perro tiene que entrar en nuestra habitación si nosotros lo invitamos. De lo contrario, tiene que esperarnos en la puerta, algo que para él no es nada humillante. Lo más sencillo es fijar el «lugar» del perro en un rincón de la entrada donde no moleste o en el fondo del pasillo. Si escogemos el comedor, tenemos que buscar un pequeño espacio anodino. ¿Cómo debemos «arreglarlo»?

La disposición

Este rincón tiene que convertirse en uno de los más cómodos. Cuando vayamos a buscar al cachorro, en la perrera o en casa de unos particulares, tenemos que pedir un objeto o un pedazo de tela que sea suyo. Lo colocaremos en su cesto: su propio olor o el de su madre lo tranquilizarán. No es necesario gastarse mucho dinero en cestos preciosos que rápidamente el cachorro mordisqueará. Una manta o un cojín grande son suficientes. Pero, aunque se trate de su habitación, no tiene derecho a romperlo todo. Tiene que respetar el mobiliario.

Colocaremos también sus juguetes.

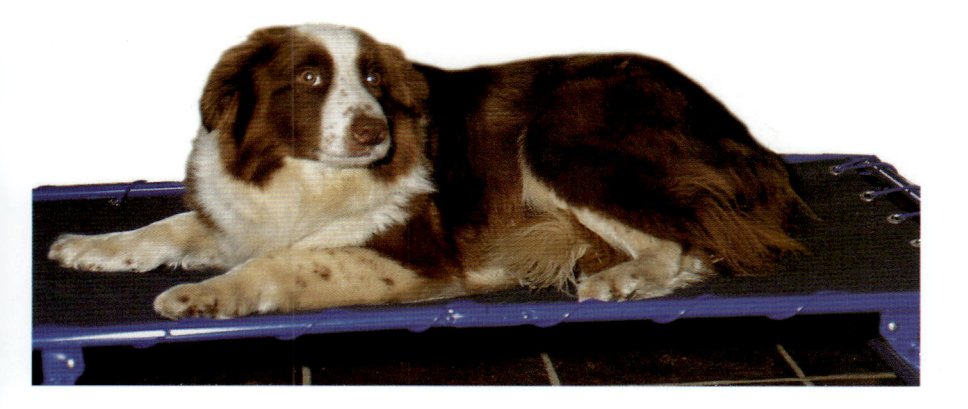

■ REGLAS ESTRICTAS

Tanto él como nosotros tenemos que respetar algunas normas.

Hay que exigir que el animal duerma en este lugar desde el principio. Si cedemos la primera noche, ya no podremos arreglarlo. Es evidente que tendremos que soportar algunos gemidos al comienzo, pero tenemos que dejar que lo haga. Además, si no marcamos la diferencia enseguida entre nuestra área de reposo y la del perro, aparecerán conflictos relacionales. No debemos aceptar que venga ni a nuestra habitación ni a nuestra cama. Aunque conozcamos a gente que lo hace y que no tienen ningún problema, se trata de casos excepcionales. Nosotros no vemos a todos los que lo hacen, y tienen un montón de problemas. El perro macho puede, al llegar a la pubertad por ejemplo, prohibir con gruñidos el acceso a la habitación del amo porque defiende a su dueña.

Por otra parte, también nosotros tenemos que doblegarnos a ciertas reglas. Cuando el perro se encuentra en su rincón, tenemos que respetar su tranquilidad. En ese caso es normal que defienda su territorio. Si vamos a molestarlo, podemos provocar algunas reacciones de agresividad. No debemos empujarlo a tener ese tipo de comportamiento. Si deseamos darle una orden, tenemos que hacerle salir antes (con la voz) del cesto. Pero cuidado: no se trata tampoco de un territorio diplomático; en caso de una falta del perro, si se refugia en su cesto, podemos sacarlo de él. De lo contrario, él comprenderá enseguida el principio de «la inmunidad territorial».

El área de las comidas y el lavabo

Ya hemos hablado de este tema en los capítulos sobre la limpieza y las comidas. Explicaremos aquí los principios básicos de delimitación de estas dos zonas.

■ LAS COMIDAS

Tienen que tomarlas después de nosotros en un lugar «apartado» de la cocina. Recordemos que no se trata de un capricho, sino de un principio esencial para mantener las relaciones jerárquicas necesarias para la educación.

■ EL LAVABO

El problema es muy puntual, porque se traslada fuera muy rápidamente.

Al comienzo, cuando todavía no podemos aplicar esto, no debemos colocar ni periódicos ni alfombras al lado del área de las comidas. Tenemos que lavar la «cesta» (cuando el perro no esté presente), porque el olor de orina lo incitará a hacer de nuevo sus necesidades en ella.

Las otras habitaciones

Ahora ya hemos delimitado las zonas en las que el perro está en su casa. Todavía tenemos que establecer las reglas para el resto del apartamento en el que, recordemos, vivimos nosotros. No es una prueba de falta de amor hacia nuestro animal prohibirle que se tumbe sobre el sofá. Nosotros somos los que tenemos que decidir claramente, antes de la llegada del cachorro y en familia, las zonas prohibidas. Esta precaución permite evitar las fuentes de problemas, no con el perro, sino con el entorno. Si el perro nos sigue a una habitación prohibida, tenemos que llevarlo suavemente hasta la entrada de la habitación y decirle al mismo tiempo «¡Quieto!». (Puede tratarse de un ejercicio unido al aprendizaje de esta orden). Si obedece lo felicitaremos. Es fundamental que todos (niños, pareja, abuelos...) le prohíban los mismos lugares. Si no se queda quieto, lo enviaremos a tumbarse en su cesto.

Es muy importante que el perro no marque con su olor objetos nuestros: se trata de un signo de dominante. Esta es la razón por la que no debe tumbarse en el sofá o en los sillones.

Entradas y salidas

No es el perro quien tiene que decidir si alguien puede entrar en la casa o no. Nosotros lo decidimos, a menos que deseemos tener un buen perro guardián (no es el objetivo de este libro).

Los invitados

Hablaremos de nuevo de este tema en el capítulo sobre «El aprendizaje de los demás» (pág. 79). Examinaremos ahora este caso desde el ángulo del territorio. Cuando alguien llama a nuestra puerta, no tiene que recibirlo el perro ni tampoco debe situarse de barrera. Recordemos el ejemplo de los dominantes-dominados en estado salvaje. Sólo el dominante puede autorizar o no la entrada a otro animal en un territorio. Por si acaso lo olvidamos frente a este cachorrillo tan encantador, recordemos que los dominantes somos nosotros. Conclusión: únicamente nosotros decidimos a quién dejamos entrar en nuestra casa.

Así pues, el animal tiene que encontrarse en su rincón cuando viene alguien y sólo puede salir cuando se lo permitimos. Puede acercarse a la puerta de forma eventual pero no debe manifestar ningún sentimiento, ni bueno ni malo. El único lugar de la casa que puede reivindicar es su cesta.

Poder salir

No es nada raro oír a propietarios que cuentan con mucho orgullo que su perro no deja salir a nadie, ni siquiera a ellos. Es inadmisible aceptar que un animal juegue a establecer aduanas en nuestra propia casa. En este caso también, el perro tiene que volver a su lugar habitual y dejar que el amo acompañe a las personas que han entrado anteriormente.

Prohibido entrar

Nuestro animal tiene que respetar los lugares prohibidos, incluso durante nuestra ausencia. No tenemos que vernos obligados a cerrar todas las puertas de la casa antes de salir. Es el aprendizaje más difícil. No podemos reñirlo al volver (ya hemos visto que los castigos en diferido son nefastos). El perro no hará ningún desastre en nuestra presencia, y la única solución es ausentarse durante breves espacios de tiempo, por ejemplo para sacar la basura, y pedir al perro que permanezca en su cesta. Si cuando volvemos todavía no se ha movido, lo felicitaremos efusivamente. De lo contrario, lo ignoraremos y empezaremos de nuevo la experiencia.

■ LA VIGILANCIA

Aunque no deseamos un verdadero perro guardián, es evidente que hay quien quiere que su perro tenga un poco ese papel durante su ausencia. Sobre todo si ha comprado un perro de 40 kg. El problema no es el mismo con un caniche, evidentemente.

Tenemos que saber que si nuestro perro ha entendido bien sus límites, las zonas permitidas y las prohibidas, su territorio, entenderá a la perfección su papel de vigilante en nuestra ausencia. No hace falta adiestrar a un perro para el ataque para que comprenda que tiene que vigilar la casa. Muchos perros ladran, en efecto, ante el más mínimo ruido sospechoso en ausencia de su amo, y no lo hacen cuando él está en casa.

Si el perro, gracias a un aprendizaje correcto, ha asimilado la noción de territorio, comprenderá por sí solo que puede y que debe defender la casa de sus amos. Ahora tenemos que salir de casa, y ¡que no haga lo que le plazca, porque no es su territorio!

Fuera están los demás

Hemos conseguido educar con coraje y perseverancia a nuestro cachorro para que se comporte perfectamente en casa. Ahora tenemos que conseguir que se comporte igualmente bien fuera y en casa de los demás, para evitar la habitual disculpa: «Nunca hace esto en casa». Es posible, pero en estos momentos se ha portado mal fuera de casa y están «acusando» al amo (en este caso, a noso-

■ LA CALLE

Tenemos que aceptar la idea de que nuestro perro puede molestar a algunas personas. No debemos tomar por obligación la defensa de nuestro animal. Es verdad que algunos comentarios son a veces descorteses e injustificados. Intentemos, por educación, no provocarlos. Debemos mantener a nuestro cachorro sujeto con la correa. Podremos soltarlo cuando sea mayor y nos siga. La correa nos permitirá corregir sus malos instintos, principalmente el de saltar sobre todo el mundo. Aunque sean los mismos transeúntes los que, al encontrarlo gracioso, provoquen esta reacción, tenemos que enseñarle a «sujetarse».

Cuando se precipite sobre alguien, tenemos que estirar de la correa y decirle: «¡Sentado!», presionando sobre el tren trasero si es necesario (aunque lo hayamos desaconsejado anteriormente, esta situación lo permite). Si quieren acariciarlo, él tiene que permanecer sentado. Los grandes lamidos pueden desagradar, y tenemos que comprenderlo. Nuestro perro tiene que saber caminar correctamente por la calle sin pasar de un lado al otro sin cesar. En la calle, lo principal es saber «hablar» al perro con la correa. Tenemos que hacerle comprender que este territorio no le pertenece. Tiene que permanecer «neutral» en cualquier situación. Esta regla es todavía más válida en los lugares públicos y privados. El aprendizaje de la calle está muy relacionado con el de caminar con correa.

tros). Se trata tanto de la educación del amo como de la del perro. Esta divisa se puede aplicar siempre y todavía más en este caso. Tenemos que convencernos de que la educación de nuestro animal tiene que ser útil también para los «demás».

Los lugares públicos

Tienen que respetarse al igual que nuestra casa y que los lugares privados.

Saber leer

Todos sabemos que un cartel con un perro tachado con cruz en aspa quiere decir: «Prohibido perros»; a veces nos lo encontramos escrito con todas las letras: «Prohibido perros, incluso con correa». Es inútil hacer ver que no lo sabíamos. El respeto a estas prohibiciones forma parte de los deberes del amo. Si el lugar está autorizado para el perro, tenemos que hacerle respetar las prohibiciones parciales: césped, flores, arena... Se entiende la importancia de la orden de llamada en este tipo de situaciones. No podemos salir con nuestro perro a lugares públicos si no respeta las órdenes de base.

Las bicicletas

Los ciclistas se quejan de los perros que los persiguen. Este comportamiento es instintivo en el perro, y no debemos animarlo a ello. ¡Sólo si queremos que participe en carreras de galgos! Si nos gusta practicar el ciclismo con nuestro perro, tenemos que enseñarle a correr a nuestro lado. Esto no tiene ninguna dificultad si el amo está convencido de que es útil. Tenemos que hacerle caminar al lado de la bicicleta atado a la correa. Evidentemente, tenemos que ir lentos. Lo guiaremos con la correa, de la que tiraremos de vez en cuando para mantener su distancia con respecto a la bicicleta. Enseguida se acostumbrará a mantenerse siempre a la misma distancia.

Las necesidades

Aunque nos encontremos en un jardín, esto no es razón para que el perro haga sus necesidades en cualquier sitio. Nuestro perro tiene que entender que no debe marcar con su orina las estatuas y los bosquecillos. Tenemos que llevarlo a las zonas reservadas

los amigos con el perro. Se presentarán varios casos: tienen perro, no tienen perro, no les gustan los perros...

En casa de los demás se comporta como en su propia casa

Expresado de esta forma, esto parece bastante claro. Pero después de haber visto a varios amos imponer a su animal, podemos asegurar que esta noción se queda corta para algunos.

Respetar a los «no amos»

Nuestro animal forma parte de nuestra vida, no podemos imaginarnos ni un solo minuto sin él. Es totalmente comprensible. Pero no podemos separarnos del resto del mundo ni enfadarnos con todos porque tengamos en casa un perro. Por otra parte, tampoco debemos pensar que los animales gustan a todo el mundo. A algunas personas, sin llegar a odiarlos, no les gusta recibir animales en su casa. Los dueños de los perros tienen que aceptar esta toma de posiciones. Las relaciones con los «no amos» serán mucho mejores y más cordiales.

Las razones de rechazo de un animal pueden parecernos aberrantes: presencia de pelos, miedo a que el animal deteriore el sillón, etc. Un buen amo, consciente de estos derechos y de sus deberes, tiene que tolerar esta actitud. Tenemos que reconocer a los demás el derecho de no amar a los perros o de no querer a los

(las encontramos en algunos parques) o a la periferia de las zonas de paseo. Los lugares privados también están sujetos a reglas, y a menudo mucho más vigiladas.

Los lugares privados

También aquí es importante respetar las indicaciones que da el dueño del lugar, aunque a veces no nos parezcan muy justificadas.

Continuemos nuestro paseo. Hemos salido de casa y la calle no ha presentado ninguna dificultad insuperable. Delante de la carnicería, nuestro perro ha despertado la admiración de todo el mundo.

Ya sólo nos queda pasar la prueba de la visita a casa de

■ LOS COMERCIOS DE ALIMENTACIÓN

Tenemos que atar a nuestro perro delante de la panadería. No debe orinar, ni desatarse, ni aullar. Hemos visto que el castigo tiene que evitarse en la medida de lo posible, pero en este caso podemos utilizarlo. Tenemos vigilado al perro, y podemos actuar «sobre el hecho». Si se pone a aullar, podemos salir y reñirlo o pegarle con un periódico. Si se comporta como es debido, lo felicitaremos. Si su comportamiento deja mucho que desear, debemos dejarlo en casa durante algunos días y reeducarlo. Tenemos que acostumbrarlos desde muy jóvenes a esperar delante de los comercios.

■ LAS TIENDAS

Como hemos dicho antes, no debemos pedir demasiado a nuestro animal. Tenemos que evitar ponerlo en situaciones que sean insuperables para él y que no obligaran luego a reñirlo. Por ejemplo, mantenerse correctamente en una tienda mientras sus amos escogen algo de ropa está fuera del alcance de algunos perros, a menos que estén muy cansados. E incluso en ese caso, se tumbarán a lo largo en medio del camino. Moraleja: mejor dejar al perro en casa durante las últimas compras de Navidad.

■ PREVENIR Y PREGUNTAR

Si vamos a casa de algún amigo, tenemos que evitar llegar con nuestro perro sin haber avisado antes y recurrir al efecto sorpresa para que tenga que aceptar a nuestro animal. Las personas que nos reciben quizá no se atrevan a decir nada, pero el animal percibirá muy claramente que el ambiente no le es favorable. Nos estresaremos o nos irritaremos por la actitud de nuestros amigos, pero ellos están en su casa. Sobre todo, no debemos bajar al perro de nuevo al coche. No aceptan muy bien esta injusticia, y puede pasarse las dos horas que dure la cena devorando los asientos. Si queremos asistir con nuestro perro, tenemos que hacer como se hace en los restaurantes y en los hoteles: preguntar antes si no ven inconvenientes. ¡Podemos ir a cenar sin el perro si no lo aceptan!

El problema de este aprendizaje es que tiene que hacerse con la práctica, porque, a menos que tengamos unos amigos muy simpáticos para hacer de cobayas y que podamos saber así si nuestro animal se comporta bien en su casa, tendremos que esperar a vivir la situación. Únicamente durante una velada podremos rectificar el tiro.

perros de los demás en su casa aunque ellos tengan uno. Algunas personas tienen miedo, por ejemplo, de los perros, de nuestro perro, y no quieren decirlo abiertamente: tenemos que intentar adivinarlo. El amo tiene que ser un buen psicólogo con su perro, pero también con las demás personas.

La división entre amos/no amos se debe a menudo a los propios dueños de perros, y esta situación es muy negativa para todos. Así pues, para educar correctamente a nuestro cachorro y hacerlo agradable para todos, tenemos que saber hacer que pase inadvertido. Es decir, que no se le vea, bien porque sabe ser discreto, bien porque, simplemente, no está. ¡Evidentemente! Podemos salir sin él. Recordemos que el animal es algo más en nuestra vida, y no un freno. Tenemos que estar convencidos de esto. Podemos y debemos salir de vez en cuando sin él. Un animal demasiado unido a su amo puede desarrollar trastornos de comportamiento englobados bajo el término «ansiedad de separación».

Planteamos ahora algunas situaciones típicas, los obstáculos que se tienen que superar y algunas soluciones. Anticipar el comportamiento del animal es la primera etapa de la educación. Corregirla en caso de situaciones complicadas es la segunda.

Los «demás» tienen un animal

Ya hemos avisado: Rex estará allí esta noche. Ellos han aceptado y todo parece perfecto, pero en realidad todo está por hacer.

Rex no está en su casa

Cuando vamos a casa de unos amigos, no nos parece normal abrir todas las puertas, preguntar si podemos acostarnos en la cama y colocarnos el pijama de nuestro amigo. Sucede lo mismo con nuestro animal: no está en su casa, y no debemos dejarle oler por todos los sitios, ni abrir todos los armarios, aunque se trate de un cachorro. Este comportamiento exploratorio es normal en un animal joven. El problema está precisamente ahí. Por lo menos, tendremos que intentar evitarlo.

La regla de base es que nuestro perro tiene que respetar el territorio del otro animal, sea cual sea.

Los amigos tienen un gato

Nuestro perro tiene que permanecer tranquilo, aunque el gato venga a verlo. No debemos permitir que el gato se tenga que esconder toda la velada debajo de la cama. Este, generalmente, después de asustarse (si no está acostumbrado a los perros), se va discretamente. Es el gato el que se tiene que sentir «seguro», aunque esto parezca difícilmente realizable en la práctica.

Si nuestro perro no soporta verlo, tenemos que colocarle otra vez la correa y atarlo de nuevo.

Los amigos tienen un perro

La situación, en el caso de que no se entiendan entre ellos, es más complicada. Ninguno de los dos animales cederá. Es primordial saber que somos nosotros, como amos, los que tenemos que ceder por nuestro animal.

Si tenemos que encerrar a uno de los dos perros para evitar una pelea, tenemos que elegir al nuestro, aunque sea el otro perro el que ha atacado primero porque está mal educado: él está en su casa.

Por el interés de nuestro animal y de la continuación de su educación, no debemos encerrar al otro, ya que tendría entonces la impresión de que por todas partes por donde va se le reserva el dominio. Tiene que llegar a tomar conciencia de que en casa de los demás no posee ningún lugar asignado.

Los «demás» no tienen un animal

Han aceptado recibir a nuestro perro con conocimiento de causa, porque ya han tenido uno, o en la ignorancia más absoluta.

Se pensaban que un perro dormía toda la noche debajo de la mesa, pero durante la velada se dan cuenta de que no es así: Rex no duerme en absoluto.

Les gustan los animales

Nos lo han dicho y nos lo hemos creído.

Les gustan los animales, pero no sus consecuencias (pelos, pipí...).

Cuando nos han visto llegar con el briard, tan peludo, han exclamado: «¡Oh, qué grande y qué peludo!».

¡Evidentemente! ¡Es un perro! Este, al olfatear un territorio neutro de olores animales pero lleno de olores humanos, reencontrará el instinto de marcaje.

Puesto que sabemos que para eso el perro orina, tenemos que desconfiar.

En estas situaciones es cuando nos damos cuenta de que el aprendizaje del territorio en casa es fundamental, ya que si nuestro animal respeta las zonas prohibidas en nuestra casa, respetará las zonas que no pertenecen a su territorio. Si tenemos problemas en casa de nuestros amigos, debemos empezar de nuevo la educación en nuestra casa.

No debemos intentar hacer nada durante la velada. Los primeros comentarios de nuestros amigos nos habrán hecho perder nuestra autoridad sobre el perro. Este último lo percibe muy bien. Además, en cuanto levantamos la voz les oímos decirnos: «Déjalo, es adorable».

No les gustan los animales

No nos lo han dicho claramente, han querido ser cordiales; pero cuando llegamos y nos proponen encerrarlo en el baño toda la velada «para que esté mejor», lo comprendemos... aunque demasiado tarde.

En general, nuestro perro se comporta todavía peor. Por esta vez todo está perdido. La lección que podemos sacar de estas situaciones es que no podemos intentar ir por todas partes a cualquier precio con nuestro perro. Incluso con un animal muy bien educado, algunas situaciones son demasiado difíciles de dominar.

Tenemos que enseñarle a quedarse solo: su velada y la nuestra serán mejores.

Los viajes

Tendremos que realizar este aprendizaje aunque no seamos unos grandes aventureros.

No hay nada más lamentable que verse obligado a privarse de desplazamientos porque el perro no soporte los viajes, o a prescindir del perro durante estos. A menos que existan razones médicas, todos los perros pueden viajar si se lo enseñamos. Podemos dejarlo en casa durante una velada, pero es mejor llevárnoslo de vacaciones.

Los medios de transporte

Es incuestionable la dificultad que entraña enseñar a un perro a viajar en avión si no disponemos de un *jet* privado. Veremos únicamente qué podemos hacer para «desestresar» la situación.

Sea cual sea la forma de transporte empleada, el estrés del amo es a menudo el origen de la ansiedad y los trastornos del perro.

El aprendizaje

Evidentemente, será la costumbre de viajar desde muy joven lo que mejorará la situación. La educación aquí, excepto en el caso del coche, es difícil. Se trata mucho más de conseguir que el animal confíe en el amo que de aprendizaje.

En coche

Muchos cachorros vomitan en el coche o salivan en exceso. Lo hacen a veces ante la simple visión del vehículo.

Para evitarlo, podemos hacer recorridos muy breves al principio.

El problema es que se trata de un círculo vicioso: el perro vomita porque está inquieto y el hecho de vomitar le da miedo. Así pues, tenemos que conseguir que llegue a subir a un coche al menos una vez sin vomitar. Entonces se tranquilizará.

Los pequeños trayectos permiten limitar las náuseas, porque no tienen tiempo de producirse.

Podemos dejar el coche abierto si tenemos un jardín para que el perro pueda entrar por sí solo en él. A menudo, las prisas y el hecho de forzar al perro a subir al coche son motivo para contrariarlo. También podemos usar antivomitivos. Tienen la ventaja de impedirle vomitar y suprimir a su vez la ansiedad relacionada con esto. Pero debemos utilizarlos lo menos posible.

A pesar de estas precauciones, algunos perros siempre se ponen enfermos en el coche.

■ EL COCHE

No debemos dejar nunca que el perro se pasee por el coche, pasando alegremente de la parte delantera a la trasera.

Tampoco debemos ponérnoslo sobre las rodillas para conducir. El perro tiene que colocarse a nuestros pies (si no conducimos, evidentemente). Tenemos que evitar dejarlo suelto por los asientos si queremos que el coche esté limpio. Si no acepta esta situación, tenemos que mantenerlo atado con la correa y forzarlo a sentarse en el suelo.

En un primer viaje, no debemos ir nunca solos con el perro, porque no podríamos conducir y dominar una situación difícil al mismo tiempo. ¡Tenemos que escoger! Para los viajes largos, las pausas son indispensables.

En barco, en avión, en tren

En estos casos no hay un aprendizaje real. No podemos reñir a nuestro perro si ha tenido miedo. Nosotros mismos tenemos que estar muy confiados en el momento de poner al animal en la jaula. Sólo así aceptará. También podemos recurrir a los calmantes (siempre bajo control del veterinario).

La educación permite tener un animal agradable con nosotros y en cualquier situación. Tiene que saber respetar su territorio para que respete el de los demás. Es este aprendizaje, el de los demás (personas y animales), el que abordaremos a continuación. Esta última parte nos permitirá separarnos lo menos posible de nuestro perro, sin imponerlo, y vivir con él y con los demás con toda seguridad y en armonía.

Esto forma parte del aprendizaje de la vida en sociedad, recordando siempre que los demás tienen derecho a no aceptar la presencia de un animal. Aceptarlo es una de las cualidades del amo. Actuando de esta forma, las antipatías desaparecen a veces por sí solas. Algunos amigos alérgicos a los perros nos propondrán algún día que vayamos a verlos a su casa con el perro, «porque es perfecto».

■ EL BARCO, EL AVIÓN, EL TREN

Si nuestro perro pesa más de 6 kg, tendremos que separarnos de él durante el viaje. Para estos casos están previstas unas cajas especiales. Normalmente se transportan junto a las maletas. Tenemos que pedir información a la compañía, porque algunas exigen jaulas específicas. También piden a menudo algo para calmarlo.

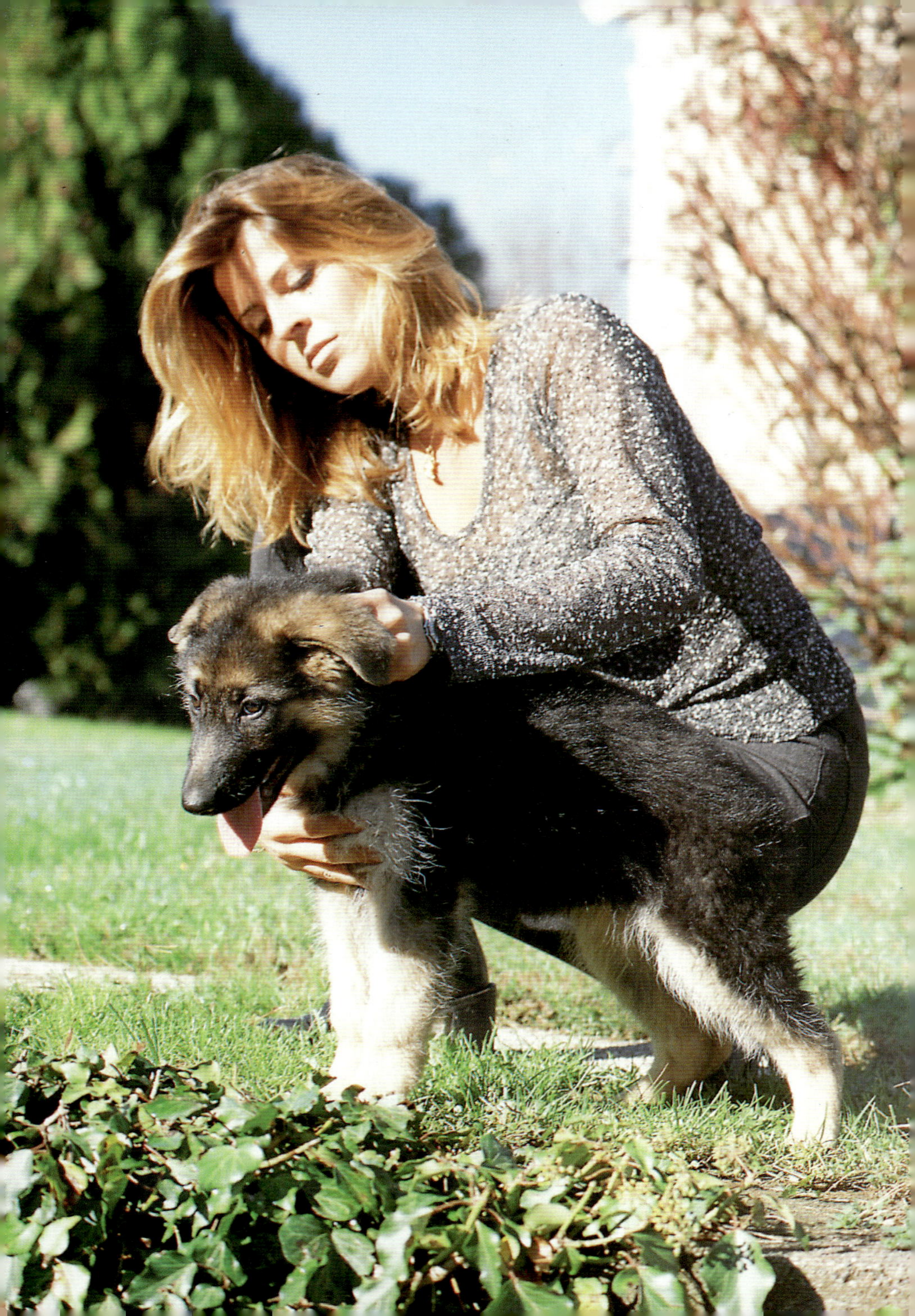

El aprendizaje de los demás

Ya hemos visto que el animal tiene que respetar los lugares por los que tiene que moverse. También debe respetar a las personas con las que vive y a las que se encontrará tanto de forma regular como de forma ocasional. Los «demás» también son los otros animales. Ya veremos cómo actuar para hacer que un perro ya instalado en un lugar acepte a otro animal. Esta aceptación de los demás forma parte de su educación.

Una de las bases de este aprendizaje es poner rápidamente al cachorro en contacto con los «demás». Si no podemos recibir en nuestra casa a personas o animales, entonces tenemos que ir a su encuentro. Pasearemos a nuestro cachorro en cuanto sea posible por los mercados, las estaciones, etc. No debemos asustarlo, tenemos que esperar a que camine correctamente con la correa. Pero tiene que estar en contacto con los demás, y para ello es necesario que esté correctamente vacunado. Del mismo modo, tenemos que ir con él por los parques por donde se pasean otros perros. Tenemos que enseñarle perros, pero también gatos y pájaros. Un gato jugando con un dogo alemán no tiene nada de excepcional, siempre que la socialización se haya hecho cuando era joven. Veremos cuáles son las reglas que se tienen que respetar. También veremos cómo abordar las relaciones del perro y del niño.

En este capítulo, dedicado al aprendizaje de los demás, veremos que la educación del amo es tan importante como la del perro. Es necesario, en efecto, que los propietarios estén convencidos de la necesidad de este tipo de aprendizaje. A menudo esto no parece importarles, porque se trata de situaciones que se presentan de forma ocasional. Un perro debe adaptarse a todas las situaciones. Además, la situación del amo puede cambiar: matrimonio, hijos... El perro tiene que ser capaz de aceptar nuevas personas en su entorno. El amo no debe encontrarse ante el dilema de escoger entre su perro y su nueva vida.

Podemos clasificar a los demás en dos categorías: la familia y los amigos próximos, que el perro verá muy a menudo, y los desconocidos, que sólo encontrará alguna vez en nuestra casa o se cruzará con ellos por la calle. Trataremos en un tercer apartado de la relación de nuestro perro con los demás animales.

Ya hemos señalado en el capítulo «Las bases de la educación» que el punto de referencia que supone la familia es muy importante para él (véase pág. 19). Tiene que identificar rápidamente a sus miembros para saber a quién tiene que obedecer. Debido a esto, se aconsejaba evitar, durante las primeras semanas, las «visitas guiadas» de los amigos. Hay que dejar que el cachorro se acostumbre a su familia. Para que sus puntos de referencia se establezcan son necesarios unos quince días.

La familia

Distinguiremos entre las relaciones del animal con los adultos y con los niños. El aprendizaje consistirá en hacer entender al animal esta diferencia, para evitar cualquier accidente. Pero tendrá que obedecer a todo el mundo.

Los adultos

Este término engloba a los amos y a todos los adultos con los cuales el perro convivirá de forma regular en su casa, en ausencia o en presencia del amo: es decir, también el personal de la casa. En efecto, es importante que si hay algún empleado trabajando en nuestra casa, pueda tener una cierta autoridad sobre el perro. Esto es a menudo delicado.

El perro, durante nuestras ausencias, considera que él es el encargado de guardar la casa. Aceptará muy difícilmente la presencia de una persona desconocida y que además invade sus dominios y los de sus amos.

Los adultos familiares son también los amigos y, particularmente, aquellos a quienes podríamos dejar el perro para su cuidado. Esto tenemos que prevenirlo con tiempo.

Los amos

Hemos insistido durante todo el libro sobre el hecho de que, aunque uno de los miembros de la familia se encarga de forma más enérgica que los demás de la educación del cachorro, todos tienen que mantener la misma actitud ante él. Esto tiene que salir de nosotros, pero también tenemos que enseñarle a respetar a la familia lejos de la presencia del amo. De lo contrario, nos daremos cuenta enseguida de que el cachorro ha tomado como punto de referencia al más indulgente. Esta situación de desobediencia total de un perro en ausencia de su amo es muy frecuente. Si el perro «siente» a su amo, aunque esté lejos, obedecerá a otra persona.

Si, por ejemplo, un miembro de la pareja está en el jardín con el perro y el otro está en la casa, no habrá ningún problema. Si uno de los dos se va, el perro se vuelve un verdadero demonio. Se trata de una actitud que el cachorro adopta muy rápidamente. Por lo tanto, tenemos que estar atentos durante las primeras semanas de la educación. En cuanto este fenómeno aparece, la persona en situación de menos autoridad tiene que solucionar imperativamente el problema ella sola. No debe en ningún caso pedir ayuda a la que tiene más autoridad. El perro interpretará esta demanda de ayuda como una debilidad y será todavía más desobediente.

La persona menos autoritaria tiene que obtener la realización de la orden en el momento justo. De lo contrario, el castigo puede ser eficaz pero no sistemático. El perro percibiría entonces que la autoridad sólo está basada en la reprimenda, algo muy negativo. Aunque esto no vaya con el carácter de algunas personas, también deben tomar parte en la educación del animal si están en contacto con él de forma regular.

Los empleados

Es primordial que el perro obedezca a las personas que trabajan en nuestra casa. Para ello, es necesario que esté educado correctamente, pero también que los empleados sepan hacerse respetar. Ahora veremos cómo debemos actuar.

Tenemos que estar presentes durante el primer encuentro del empleado con el perro, y no debemos aceptar que nos siga por todas partes. Tiene que quedarse en su cesta durante la primera visita. Sólo así comprenderá que no es el amo del lugar cuando el empleado esté solo con él. Después tenemos que ausentarnos durante una hora dejando al perro solo con la persona. Si se ha comportado bien, felicitaremos al perro. A continuación permitiremos al empleado dar órdenes al perro en nuestra presencia como: «¡Sentado!» o «¡Ve a tu cesta!». El perro tiene que aceptar la presencia del empleado, pero también tiene que entender que esta relación no es afectiva. No debe buscar las caricias sin cesar. Esta «neutralidad» afectiva es difícil de admitir a veces, tanto para uno como para el otro.

■ EL CASO DEL CARTERO

Sucede a veces que el perro muerde al cartero, y esto no tendría que producirse en ningún caso. Tenemos que reconocer que estos mordiscos son debidos muy a menudo a la actitud del amo, debida en este caso no a la maldad, sino a la ignorancia. El cartero, que toca los buzones, es para el perro un provocador. Está tocando su territorio; el perro no puede responder, porque se encuentra en la casa o en el jardín, y además, el cartero tiene la desfachatez de irse y volver cada día. El día en que el perro tiene la posibilidad de morderle, lo hace.

Los amos, pensando que hacemos lo correcto, encerramos al perro o lo mantenemos con el collar para evitar los mordiscos. Esto refuerza el sentimiento de injusticia del perro, al que, de esta forma, impedimos «defenderse». Es necesario que el amo deje entrar al cartero en el jardín desde el primer día. El perro tiene que quedarse detrás y, al final de la conversación entre el amo y el cartero, el perro podrá venir a saludar.

Los niños

El contacto perro-niño, contrariamente a lo que se suele oir, no es innato en el perro. Algunos perros son dóciles con los niños, porque forma parte de su carácter. Pero los que no son así al principio, también pueden aprender a serlo. No es normal desconfiar de la actitud de nuestro perro con nuestros hijos. Hablaremos luego del caso de los niños desconocidos para el perro, algo que es totalmente diferente. El perro puede estar en casa antes de la llegada del niño o llegar después de su nacimiento. Consideraremos los dos casos.

El niño ya está en casa

Hemos decidido adquirir un cachorro. Sea cual sea la edad del niño, el nuevo perro no debe manifestar ningún signo de agresividad contra él. Si se trata de un bebé, todo el trabajo de educación se dirigirá hacia el perro, pero a partir de los cinco-seis meses, también podremos hacer tomar conciencia al niño de la actitud que tiene que adoptar frente al perro, aunque la educación del niño no se trate en esta obra. Hablemos simplemente del cachorro.

El primer principio es el de la separación. El cachorro no debe dormir ni en la cama ni en la habitación del niño. El animal buscará su compañía, pero, aunque esto parezca encantador, no debemos fomentar esta actitud. La razón es que el cachorro crecerá y se hará adulto mucho más rápido que el niño y podrá transformarse en protector. Tenemos que mantenernos siempre con una relación jerárquica. El niño tiene que ser considerado por el perro como un amo y no como un protegido, y tiene que poder hacer que el perro le obedezca durante nuestra ausencia. Es importante, por ejemplo, que un niño pueda sacar él solo al perro o pueda quedarse con él en la casa. Para ello, podemos pedir al niño que enseñe ciertas órdenes al cachorro como ya hemos visto: «¡Sentado!», «¡De pie!», o a caminar con correa. Esto permite crear relaciones jerárquicas con suavidad.

Podemos dejar al animal sólo con el niño en una habitación para que lo oiga bien. Sólo debemos interponernos si el animal pone demasiado a prueba al niño y la relación se vuelve peligrosa. De lo contrario, el cachorro sentirá que el niño es débil y necesita de nosotros para hacerse respetar.

El niño llega

El perro está con nosotros desde hace algunos años. El recién nacido es percibido entonces como un intruso. El aprendizaje de la aceptación de este otro es mucho más delicado, porque el perro ya está educado. Tenemos que enseñarle algo nuevo cuando su comportamiento ya está formado. No hay nada imposible, aunque se tienen que superar algunas dificultades. El perro tiene que aceptar al niño, pero somos nosotros los responsables de que lo acepte.

Al principio, tenemos que mantener el mismo ritmo de vida. Tenemos que sacar al perro tan a menudo como antes. Si la nueva «madre» no puede sacarlo cuando sí lo hacía antes, tiene que acariciarlo más, hablarle para que no se sienta abandonado de repente. También podemos preparar al perro para esta nueva llegada. Dos o tres semanas antes del nacimiento disminuiremos de forma progresiva el tiempo que pasamos con el perro para que la diferencia sea menos brutal a partir del nacimiento. A continuación, debemos dejar, estando atentos evidentemente, que el perro conozca al recién nacido. Sin permitir grandes lamidos, dejaremos que se acerque a la cuna. Evitaremos rechazar al perro cada vez que nos ocupamos del bebé, porque él lo entenderá como una injusticia e intentará acercarse a la cuna a nuestras espaldas. Por otra parte, tenemos que pedirle que se siente y que no salte al lado del niño. El perro entenderá enseguida que este intruso es frágil, pero que aceptamos su presencia junto a él.

No debemos olvidar que siempre existirán «riesgos» con un animal instalado desde hace mucho tiempo en una casa sin niños. Para reducirlos, tenemos que enseñar a nuestro animal a no entrar en contacto directo con el bebé. No debemos rechazar al perro si se acerca, pero cuando haya olido al bebé en nuestra presencia debemos decirle: «¡Sentado!», mostrando con el dedo el lugar opuesto a la cuna. Cuantas menos prohibiciones se le hagan al perro con respecto al bebé, más rápidamente y sin problemas lo aceptará. Pero no debemos dejar nunca solos al perro y al bebé. El recién nacido llora, se ensucia y no huele todavía como los de su especie: los humanos. Por lo tanto, el perro no lo reconoce como hombre. Así pues, el animal pensará que es correcto eliminar a esta «cosa» intrusa y molesta. Al crecer, el bebé será identificado como un humano por el perro.

Los desconocidos

También aquí estableceremos una diferencia entre los adultos y los niños. Pero en este caso serán personas que el animal se encontrará por la calle o que invitaremos a casa de forma excepcional.

Los adultos

Consideraremos los casos de las personas que encontramos en la calle y los casos de las personas que nos visitan en casa.

En casa

El problema se centra en el hecho de que el perro está en su casa. Su instinto lo empuja a defender su territorio frente a los desconocidos. Así pues, tenemos que enseñarle a no meterse en lo que no le concierne. En efecto, el perro no tiene por qué venir a oler a las personas que vienen a vernos de forma excepcional. Los carteros, desgraciadamente, son a menudo el «blanco de tiro» de los perros. Aunque a veces esto nos haga reír, no es normal. Un perro no puede ser «alérgico» a los uniformes, algo que como ya hemos visto no es la razón real de los mordiscos. El perro tiene que permanecer en su cesta y no ladrar. El único remedio en este caso será reñirlo. Es muy difícil esperar a que el perro se comporte bien para felicitarlo.

Si salta sobre el invitado, debemos regañarlo. Tenemos que enviarlo con firmeza a su cesto. Si no quiere ir, lo cogeremos por la piel del cuello y lo meteremos dentro nosotros mismos. Tiene que permanecer allí durante todo el transcurso de la visita. Cuando el invitado se haya ido, podremos felicitarlo por su buen comportamiento.

Fuera

El aprendizaje de los «demás» es mucho más delicado. No siempre somos patrones de nuestro perro debido a esos «otros». Es frecuente ver a personas tomar la iniciativa de acercarse a acariciar a un cachorro. Así, lo incitan a que se excite y les salte encima. Luego nos costará mucho calmarle.

Tenemos que utilizar el término «¡No!», y utilizar la correa. En cuanto el cachorro quiera saltar sobre alguien, tiraremos de la correa y diremos: «¡No!». Da igual que la gente nos encuentre severos. Serán mucho menos indulgentes con el perro cuando el labrador de 40 kg les salte encima.

Los niños

El problema se planteará, como con los adultos, en casa y en el exterior. Recordemos que son niños con los que el perro no trata de forma regular. Tomemos el ejemplo de una pareja de amigos que viene con sus hijos. Si nuestro perro convive con niños, la situación normalmente no plantea problemas. Por el contrario, si nuestro perro no ha visto nunca a niños, tendremos que estar muy atentos. Las órdenes de base (como: «¡Sentado!» o «¡Al cesto!») serán muy útiles.

Pero no siempre podremos impedir que el niño vaya hacia el perro y quiera acariciarlo. Tenemos que delimitar de forma clara y firme el dominio del perro. Podemos colocar, por ejemplo, algunos cojines que no podrá franquear delante de su cesta. Pediremos al niño que respete esta «frontera». Es verdad que tenemos que educar a nuestro perro, pero también tenemos que protegerlo de los demás. Si son los demás los que provocan la falta, no tenemos que castigar a nuestro perro. Lo que no debemos hacer es encerrar al perro cuando viene un niño, porque

el perro asociará su llegada con el castigo injusto y se volverá «alérgico» a los niños. Si protegemos a nuestro perro, aceptará mucho mejor la presencia del niño en su casa. También podremos exigirle que respete nuestras órdenes, puesto que respetamos su tranquilidad aislando su dominio.

La situación en la calle es delicada. En estos casos, a menudo son los niños los que vienen hacia el perro. Es importante, para evitar los accidentes, conocer bien sus reacciones. Si pensamos que puede tener una reacción brutal, somos nosotros los que tenemos que evitar el encuentro. Si castigamos al animal será peor. Pediremos al niño que no se acerque, o mantendremos al perro con la correa lo más cerca posible de nosotros.

Los otros animales

También aquí podemos distinguir dos categorías de animales: los nuestros y los que nuestro perro verá una sola vez (a estos últimos les daremos el nombre de desconocidos).

Los nuestros

Aquí englobamos a los animales que ya están en la casa cuando llega el cachorro y los que podemos adquirir después de su llegada. Nuestro animal tiene que acostumbrarse a todos estos eventuales cambios.

El cachorro es el «segundo»

Ya tenemos un perro cuando llega el cachorro. Veremos a continuación el problema de la educación del «viejo». Pero miremos por ahora hacia el recién llegado. No podemos dejar que nos sienta «tiernos» e indulgentes con él. Tiene que aprender a respetar el lugar del antiguo. En caso de conflicto no debemos interponernos sin cesar entre los dos perros y defender al joven. Esto sólo reforzaría su posición de dominante y engendraría reacciones de agresividad en los dos campos, incluso mucho más tarde (¡sobre todo más tarde!). En cuanto el cachorro se acerca al cesto del viejo, diremos: «¡No!», y lo mismo haremos si coge sus juguetes o si come en su escudilla. Si el joven insiste, lo zarandearemos por la piel del cuello y lo reñiremos, pero también lo felicitaremos cuando se comporte de forma normal. El antiguo aceptará al nuevo si ve que tiene asegurado su lugar. Luego, dejaremos a los animales que establezcan su jerarquía entre ellos.

Nuestra intervención tiene que limitarse a los primeros días para hacer comprender al viejo que el joven no lo sustituye, y al joven que él no es el rey.

Debemos hacerles comer en lugares un poco alejados, pero al mismo tiempo. Tenemos que intentar hacerles vivir al mismo ritmo: salidas, pipís, paseos.

Los animales desconocidos

Estos desconocidos podemos encontrarlos por la calle o pueden venir a casa.

Encuentro en el exterior

El problema principal es enseñar a nuestro perro a no dejarse llevar por sus instintos. Tenemos que evitar las peleas. Siempre es más delicado manejar esta situación fuera que en casa, donde «lo vemos venir». Un perro que se está peleando ya no escucha a nadie. Por desgracia, sólo después de la pelea podremos enseñarle que no tiene que pelearse. Aquí se sitúa todo el problema de este aprendizaje. Sólo los trabajos prácticos son educativos. No provocaremos la pelea. Para evitarla tenemos que dominar a nuestro perro, con la orden de llamada, por ejemplo. Si nuestro perro se muestra peleón, tendremos que hacer muchos ejercicios de llamada.

Ya hemos visto que la educación que se aconseja en este libro no utiliza ejercicios,

■ LA EDUCACIÓN DEL ANTIGUO

¿Cómo lograr que el viejo acepte al joven? Él tiene, en efecto, sus señales muy establecidas. También en este caso tenemos que ayudar al perro a aceptar al otro para que el aprendizaje sea rápido. Contrariamente al aprendizaje de las órdenes de base, aquí colocamos a nuestro perro en una situación delicada. No ha sido educado desde el principio para aceptar a otro perro en su casa. Así pues, somos nosotros también quienes debemos poner toda nuestra voluntad.

Sin provocar las reacciones de dominación frente al nuevo, tenemos que considerar que el viejo está en su casa. Es el joven el que tiene que acostumbrarse. Se trata de una tarea muy dura para él, porque tiene que comprender que está en nuestra casa y que el territorio todavía está más limitado, puesto que una zona ya está ocupada por otro. Sólo así evitaremos las confrontaciones entre los dos para ponerse a prueba y podremos exigir un cierto comportamiento al viejo. Este tiene que respetar las comidas del joven y no comer tres veces al día como él. Tenemos que intervenir si le molesta durante las comidas, y no debemos ceder a las exigencias de un suplemento por parte del «viejo». Atribuiremos objetos y un rincón específico al nuevo y haremos que el viejo lo respete.

Como ya veremos, el joven copia a menudo el comportamiento del otro. Si queremos tener dos perros bien educados, no podemos equivocarnos con la primera experiencia.

pero son aconsejables en estos casos precisos para poder estar seguros de que nuestro perro responderá a la llamada incluso ante una situación delicada. Tenemos que llamarlo cada vez desde más lejos, y debemos provocar las situaciones difíciles haciéndolo jugar con el perro de un amigo y llamándolo luego en pleno juego. Sólo de esta forma nos escuchará antes de la pelea. ¿Qué hacer cuando llega?

La primera regla es la de irse. Simularemos que nos vamos: a menudo los perros sólo se pelean en presencia de los amos para poner a prueba sus fuerzas. Si los dos propietarios se van, los perros los seguirán. También podemos intentar llamar la atención de nuestro perro llamándolo, sin gritar, y retrocediendo. Sobre todo no debemos interponernos: nos morderían con toda seguridad. Tampoco debemos defender al más pequeño. La solución no tiene nada que ver con las responsabilidades de uno o del otro.

Encuentro en nuestra casa

Recordaremos aquí las nociones evocadas en «El aprendizaje del territorio», adaptándolas a esta nueva situación.

Nuestro perro se encuentra en su territorio. No debemos dar privilegios en ningún caso al visitante. Es cierto que a veces es delicado. Los invitados no entenderán siempre por qué no aislamos a nuestro perro cuando esto evitaría los enfrentamientos. Estaría muy mal visto pedir a los visitantes que encierren a su perro o lo lleven de nuevo al coche. Pero se trata de la mejor solución.

El perro invitado tiene que doblegarse a las costumbres de la casa. Si encerramos a nuestro propio perro le parecerá una provocación y una humillación: un intruso penetra en su territorio sin que él pueda defenderse. Nuestro perro no tiene que provocar al otro. Lo más sencillo es proponer a los amos instalar a su perro en un rincón de la entrada y hacer que el nuestro se quede en su cesta. Tampoco debemos colocar al visitante en una habitación que normalmente está prohibida a nuestro perro.

Por otra parte, tenemos que intentar dejarlos en una habitación distinta de la que nosotros nos encontramos (en la entrada, por ejemplo). En efecto, la mayoría de las peleas se declaran en presencia de los amos. Durante su ausencia, el visitante se somete muy fácilmente a la dominación del residente. Pero a menudo el miedo de los amos los empuja a mantener al animal a su lado. Cuando la visita se haya ido, tenemos que felicitar al perro por su buen comportamiento.

El aprendizaje de «los demás» es fundamental para completar la educación de un perro. Un animal bien educado en su casa pero completamente alocado o agresivo fuera de ella hace la vida imposible a su amo.

Ya hemos visto la importancia de la noción de jerarquía en este aprendizaje, entre los propios animales y entre los animales y las personas. Estas relaciones son a veces difíciles de admitir para los propietarios.

Veamos un último consejo para optimizar las relaciones de los animales con los «demás» si tenemos varios perros. Cuando los dos perros están acostumbrados el uno al otro, establecerán relaciones jerárquicas a veces diferentes de las debidas lógicamente a la edad. El joven puede volverse dominante. Tenemos que respetar, como amos, este orden de las cosas. De esta manera, favorece remos siempre al dominante, para no contrariar las relaciones establecidas por ellos. Cuando adquirimos un nuevo animal, tenemos que respetar la posición de dominante del antiguo, pero sólo durante los primeros días; luego dejaremos que la naturaleza actúe. Esta oposición del amo a la jerarquía puede provocar peleas. Tenemos que acoger, por ejemplo, al dominante primero y luego al dominado. Si existe alguna pequeña pelea entre los dos, tenemos que reñirles a ambos, porque, tomando partido por uno o por el otro, podríamos modificar su relación.

Tenemos que ser un amo para los dos a la vez y no un protector para uno de los dos. Si su relación cambia y el dominado se vuelve dominante, tenemos que respetar esta nueva situación. Insistimos sobre un punto: sólo permaneciendo siempre conscientes de estas relaciones jerárquicas aseguraremos el equilibrio de nuestro perro. A pesar de todas estas precauciones, quizá nos encontremos ante un animal difícil. No se trata obligatoriamente de un animal que muerde sin cesar (este caso puede existir, pero nos encontramos entonces ante un caso de patología grave). El animal difícil es encantador cuando le conviene la situación, y se vuelve imposible de dominar cuando la situación no es de su gusto. Los amos buscan entonces las situaciones agradables para el animal, evitan las otras para tener más tranquilidad y el comportamiento del perro empeora. Tenemos que reñir a nuestro perro y, sobre todo, no evitar contradecirle. Si no le reñimos, conseguiremos estar tranquilos durante un tiempo, pero tendremos que hacer frente a otros problemas más importantes y numerosos.

A continuación, abordaremos el ámbito de la reeducación de un animal con problemas. Pero cuidado: no son más que consejos para situaciones fáciles de dominar. Para las situaciones más delicadas que no se pueden resolver solas es necesario consultar con un especialista en comportamiento.

Pero si hemos aplicado todos los principios y consejos precedentes, no tendríamos que vernos obligados a recurrir a este capítulo. Esto puede ser útil si hemos adoptado un animal educado ya por otro amo, por ejemplo, o si nuestro animal es realmente un rebelde.

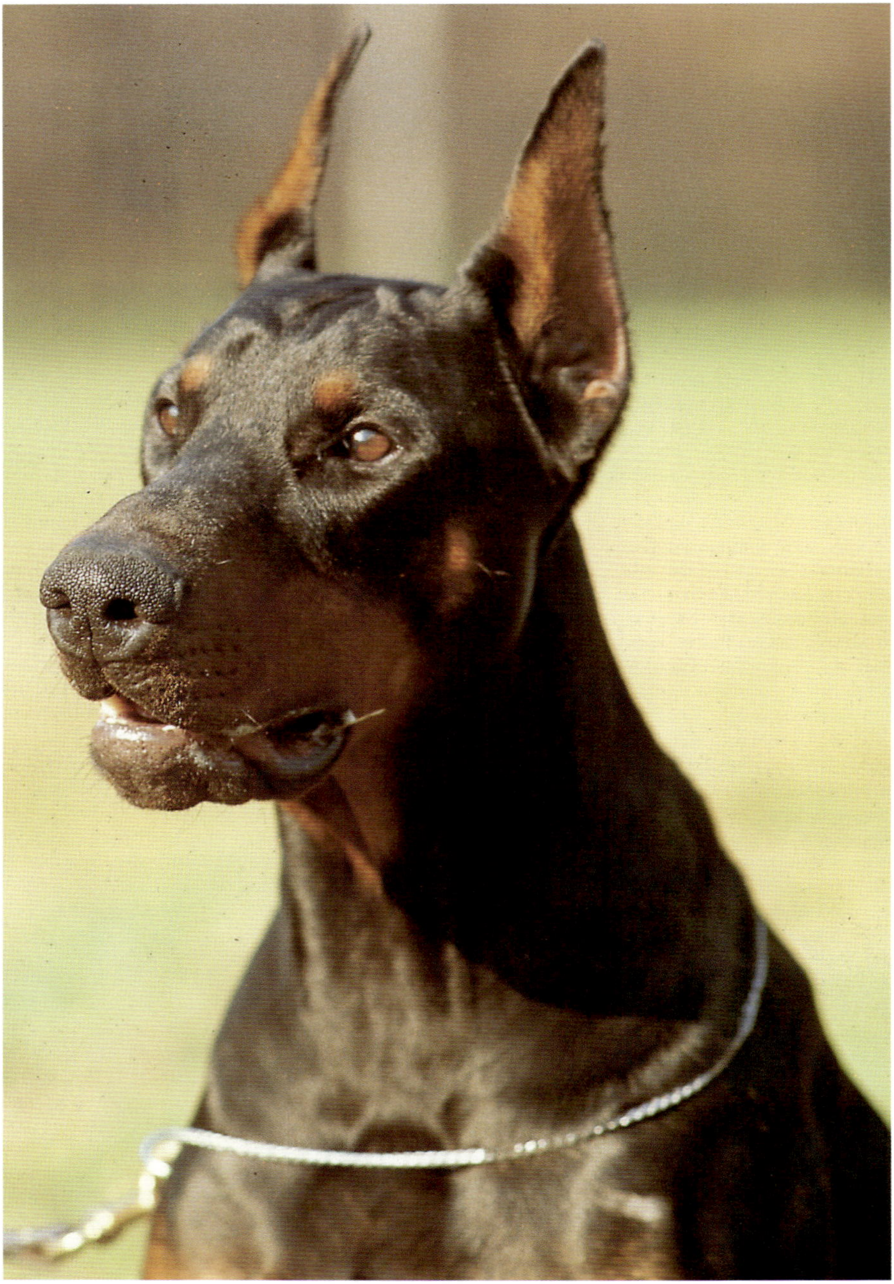

LOS FRACASOS: CAUSAS Y CONSECUENCIAS

El término *fracaso* designa más los pequeños accidentes del comportamiento que los verdaderos trastornos graves. Pero a veces se hace necesaria una revisión de la educación. Es esta reeducación de base la que proponemos en este capítulo. Dejaremos de lado los trastornos patológicos que necesitan una terapia específica controlada a través de las visitas a un veterinario.

La ansiedad de la separación

Otorgaremos un lugar privilegiado a este tema en el capítulo de los fracasos. En efecto, numerosos problemas de comportamiento derivan de este síndrome de separación. Se encuentra en el origen de fenómenos de ansiedad que se manifiestan en forma de destrucción, agitación, deseo, etc. Tendremos ocasión de evocarlo precisamente para ciertos trastornos.

He aquí el estudio general de este fenómeno. Intentaremos comprender el origen y los mecanismos de su aparición para poder perfilar la ac-

■ UNA REVISIÓN

Tenemos que admitir ante todo, sin culpabilizarnos, que muchos comportamientos anormales del perro son consecuencia de un «error» del amo y de relaciones anormales amo-perro. Se trata de errores involuntarios muy a menudo debidos a falta de tiempo, a una educación demasiado permisiva o a relaciones afectivas anormales. Los siguientes consejos nos permitirán corregirlos.

El animal puede ser sometido a crítica (aunque no se trate de juzgar): podemos tener un animal de carácter difícil que intenta escaparse de forma permanente a las reglas de educación y al que tendremos que reñir continuamente.

Lo esencial, ante estas dificultades de educación, es permanecer abierto. No tenemos que buscar a un responsable. Sólo tenemos que intentar encontrar lo que ha podido provocar esa situación. Únicamente de esta forma podremos rectificar los trastornos.

Una actitud negativa nos conducirá a un agravamiento de los comportamientos defectuosos. La mayoría de los problemas aparecen antes del año. Por lo tanto, todavía no es demasiado tarde.

■ LA ELECCIÓN DE UNA RAZA

Hablamos de nuevo de este tema porque si la raza se encuentra en el origen de ciertos problemas. Cada raza tiene una imagen popular que a menudo no es más que una creencia. El pastor alemán es malo, los cockers muerden, los perros pastores corren detrás de la gente. Es verdad para algunos animales, pero no se trata del perfil general de una raza bien educada.

Algunos amos atribuyen a su perro defectos, inherentes según ellos a la raza, y piensan que es normal que el perro tenga estos defectos. Por lo tanto, no intentan corregirlos o, peor todavía, los estimulan. La educación está aquí para poner remedio a esto. La elección de un perro se hace en función de los criterios anteriormente planteados, y un perro se educa sin tener en cuenta las habladurías. De lo contrario, excusaremos a nuestro perro ante una falta real y aparecerán los fracasos. Tenemos que asegurarnos siempre de que el trastorno del comportamiento de nuestro animal no tiene su origen en una enfermedad (el perro que orina por todas partes puede tener una cistitis, por ejemplo).

titud que debemos adoptar para luchar contra este trastorno y sus consecuencias.

Los orígenes

Existen causas desencadenantes, que explican teóricamente la aparición del síndrome, y causas favorecedoras, que intervienen en la aparición de trastornos del comportamiento.

Las causas desencadenantes

La causa de este síndrome es el exceso de afecto del perro por una de las personas de la familia. Así pues, los trastornos derivarán de la ausencia del individuo al que el perro está unido. Esta falta de afecto momentánea provocará en el animal una actitud anormal. Paradójicamente, el retorno del amo provocará también una actitud anormal en el perro. Veremos de qué forma se manifiesta esto. Lo que interesa saber es que estos signos

■ CAUSAS FAVORECEDORAS

La edad del cachorro

Si adquirimos un cachorro que ya no está apegado a su madre, que vive en familia de forma muy independiente por ejemplo, los riesgos serán menores. El animal ya habrá adquirido cierta independencia, y la necesidad de descubrir la vida será mayor que la del afecto excesivo a su amo. Pero si el cachorro es demasiado joven (menos de dos meses), necesitará reencontrar a su madre a través de alguien. A los amos les emociona esta necesidad de afecto, y la alimentarán. Lo protegen, dudan en dejarlo solo.

La presencia permanente del amo

Si el amo es mayor y está solo, por ejemplo, el cachorro será una compañía que vivirá de forma permanente con él. Evidentemente, no debemos dejar solo al cachorro a propósito durante todo el día. Tanto el amo como el animal serían desgraciados cada uno por su lado. No es este el objetivo de una buena educación. Pero tendremos que organizar, como ya veremos, los momentos de separación. Aunque estemos solos con nuestro animal, no debemos llevarlo por fuerza a todas partes con nosotros.

Las vacaciones

Ya hemos señalado la importancia del momento de adquisición del cachorro. Tenemos que evitar el periodo de vacaciones: el cachorro se acostumbrará a tener a su o a sus amos alrededor, respondiendo a sus más mínimos gemidos. El contexto es el ideal para desarrollar una ansiedad ante la separación cuando se comience a trabajar de nuevo.

de «desequilibrio» pueden existir aunque el perro no esté solo. Basta con que uno de los miembros de la familia no esté en casa. Tendremos que revisar las relaciones del perro con el entorno familiar. Pero cuidado, porque esto no quiere decir que no debamos tener ningún lazo de afecto con nuestro perro. Esto no tiene nada que ver. Se trata simplemente de saber dosificar y controlar lo que se llama el periodo de apego. Una hiperafección de un perro a una persona no tiene en sí mismo nada de anormal. Simplemente, se ha puesto claramente en evidencia que este lazo afectivo demasiado intenso es la causa de trastornos del comportamiento. Por esto es por lo que tenemos que tener cuidado, sobre todo al principio.

Las causas favorecedoras

Se trata de la edad del cachorro, la presencia permanente del amo y el periodo de adquisición del animal.

Las manifestaciones

Son muchas y muy diversas. Como ya hemos señalado, el origen es al mismo tiempo la separación del amo y también su regreso. Las dos fases pueden provocar trastornos. Volveremos a detallar más adelante las consecuencias para cada trastorno. Veámoslas ahora en grandes líneas.

Los trastornos digestivos

Pueden ser diarreas o vómitos. Buscamos causas médicas cuando en realidad se trata de la expresión de la ansiedad del perro.

El desaseo

El animal que ya era limpio vuelve a hacer sus necesidades en cualquier sitio de la casa durante nuestra ausencia. No se trata ya de un marcaje del territorio, sino de una expresión de la angustia que siente.

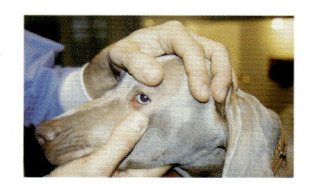

La expresión oral

El animal puede gemir sin parar, ladrar o aullar. Es absolutamente anormal que un perro aúlle como un loco durante la ausencia de sus amos, aunque esté triste. Estas manifestaciones son siempre una fuente de problemas con los vecinos; el propietario siempre encuentra circunstancias atenuantes. Pero este comportamiento es anormal aunque la causa sea justificada.

La agresividad

Esta agresividad hacia el amo es, en realidad, el miedo a verle partir. El perro ha comprendido, al verle prepararse, que la marcha es inminente. Entonces intenta retener su atención e impedir que se vaya. Esta es también la actitud de un perro dominante que no acepta que alguien abandone su territorio sin su autorización. Todos los perros que presentan un síndrome de separación no muestran agresividad, pero si el animal tiene una pequeña tendencia agresiva, esta se desarrollará en esta situación.

¿Qué se puede hacer?

La ansiedad ante la separación que padece el perro es un fenómeno muy conocido por los especialistas del comportamiento animal. No es fácil curarla sin ayuda. A continuación, proporcionamos algunos consejos de base para evitarla, por una parte, y para ponerle remedio, por la otra. Pero es preciso saber que un tratamiento médico es a menudo necesario (ansiolíticos, por ejemplo), además de un control veterinario.

Desapasionar la situación

Las manifestaciones de ansiedad se producen, generalmente, justo después de que el amo se marche, o bien un poco antes de que este se vaya.

La primera precaución que debemos tomar es dar señales de partida lo más discretas posibles. Ya lo hemos visto en el aprendizaje de la soledad, pero todavía es más evidente aquí. Sin irnos bruscamente, limitaremos los preparativos y sobre todo no dedicaremos al perro palabras reconfortantes que no harán sino aumentar su ansiedad. También aconsejamos realizar, para desensibilizar al perro, falsas salidas. De esta forma, estaremos allí para desestresar al perro y calmarlo. Luego nos iremos durante periodos muy breves.

Más adelante, alargaremos el tiempo de nuestras ausencias. La vuelta tiene que plantearse en la más total indiferencia. Tenemos que hacer como si no nos hubiéramos ido. Nos pondremos a trabajar en alguna actividad que hayamos dejado a medias al marcharnos. El perro, poco a poco, encontrará nuestras salidas y nuestros regresos naturales, se acostumbrará a ellos y les perderá el miedo. Es verdad que para conseguirlo se necesita mucho tiempo y mucha paciencia. También necesitamos a veces la intervención de otra persona que no sea de la familia (veterinario o educador).

La prevención de este trastorno reside básicamente en la normalidad de las relaciones amo-perro. Si nos parece que estamos en una categoría de riesgo (ya sea debido a nuestra situación familiar o a lo que representa el perro para nosotros), debemos obligarnos a separarnos del animal (dejándolo en casa solo durante intervalos de tiempo cada vez mayores, exigiéndole que duerma en su cesta...).

El destructor

Junto con la agresividad, se trata del trastorno del comportamiento que se da con más frecuencia.

También es el que resulta más difícil de soportar para el amo. Este comportamiento anormal es una de las primeras causas de abandono. El amo ya no soporta por más tiempo ver cómo el comedor es saqueado durante cada una de sus ausencias. Los conflictos en las familias acerca de la actitud que se tiene que adoptar son difíciles de resolver en ese caso, lo que es una pena, ya que una buena educación sería suficiente para evitar esta situación.

La acción destructiva puede ir desde los simples mordiscos de los muebles y objetos hasta el despedazamiento minucioso y sistemático de los sofás. Los cachorros toman conciencia de su entorno por la boca: lo lamen y lo muerden todo. Se trata de un comportamiento instintivo, pero tenemos que hacerles comprender enseguida que no deben hacerlo en casa por medio de reprimendas, no con juegos de tira y afloja y dándoles juguetes sólo para ellos.

Para todos los trastornos del comportamiento es necesario intentar encontrar la causa para poner en marcha un tratamiento eficaz. El destructor se define como un perro que reacciona ante un problema con una destrucción organizada de su entorno. Está claro que el cachorro que intenta morderlo todo tiene que educarse, pero no reeducarse. Se trata de una fase normal de su desarrollo, pero que no tiene que amplificarse ni ser duradera. La reeducación se hace con un animal que ha alcanzado la edad de ocho meses y que mantiene todavía un comportamiento de mordiscos y de destrucción.

Las causas

La destrucción puede ser debida al miedo a quedarse solo o al aburrimiento.

■ **EL MIEDO A LA SOLEDAD**

El miedo a quedarse solo origina numerosos casos de vandalismo. Como en el caso del perro ladrador (del que también hablaremos), la ansiedad de la separación es a menudo la causa de este trastorno. Un animal demasiado apegado a su familia no puede soportar el aislamiento físico o afectivo. Esto puede producirse en casa, con los amigos o en el coche, y también desde los primeros signos de partida del amo. El perro toma, por ejemplo, un cojín, que sacude violentamente.

El castigo no será nunca un remedio eficaz para esta situación. Al contrario, la empeorará.

■ **EL ABURRIMIENTO**

Aunque esto pueda parecer excesivo, un perro puede efectivamente aburrirse, sobre todo cuando está solo. En este caso no se trata de que tenga miedo de quedarse solo, sino de que no sabe qué hacer. La única ocupación que encuentra es sacar el relleno del sofá.

■ LA VENGANZA

Atribuir a una venganza el hecho de que el perro ha ocasionado algún desperfecto es uno de los errores que se cometen más a menudo. Suele ser motivo de malentendidos entre el dueño y el perro. El dueño se disgusta con el perro al ver hecho añicos el tan querido sillón, lo que le impide durante un buen rato, cuando menos, ser afectuoso con él. Todavía parece haber más motivos para actuar si ve en el que «era» su amigo la intención de vengarse. Este es el error. No tenemos que actuar castigándolo pensando que ha sido una venganza. Recuerde que el perro, al no poderse trasladar en el tiempo (debido a la falta de un lenguaje verbal), no relaciona, por mucho que nos esforcemos, la bronca con la acción que corregir. El único resultado que se obtiene, descargando injustamente la rabia sobre él, es una mayor desorientación del perro.

Los remedios

Vamos a estudiarlos en función de cada posible causa.

A la soledad

Si el perro destruye todo por miedo a la soledad, tenemos que empezar todo el aprendizaje que está relacionado con esto. Ciertas personas llevan a su cachorro a todas partes para acostumbrarlo a todas las situaciones. Luego, cuando alcanza la edad adulta, se vuelve más molesto y tiene que quedarse en casa. El resultado es que está acostumbrado a todo menos a la soledad. Entonces, tenemos que partir los dos desde cero.

El miedo a la soledad está relacionado a menudo con una hiperafección al amo. No vamos a hablar de nuevo sobre las medidas preventivas que se tienen que tomar para evitarlo. En la práctica, no debemos reñir al perro cuando volvemos. Tenemos que hacer como si nada hubiera pasado, aunque los destrozos sean importantes, decirle que vaya a su cesta y salir de nuevo al cabo de un rato diciéndole: «¡Tumbado!», antes de irnos. Volveremos al cabo de cinco minutos. Felicitaremos suavemente al perro si todavía está en el mismo lugar. Si ha tenido tiempo de levantarse para destrozar algo, tendremos que reducir todavía más nuestra próxima salida. El perro tiene que asociar la salida y el regreso con su buena conducta y con nuestra satisfacción. No tenemos que darle tiempo para que pueda hacer disparates. Luego, poco a poco, prolongaremos la duración de nuestras ausencias.

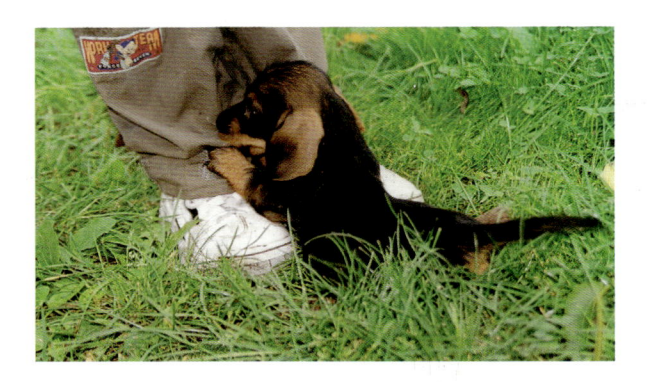

Al aburrimiento

Si el perro se aburre, tenemos que distraerlo. Si se ensaña con todo, tenemos que darle algo sobre lo que pueda ensañarse. Pondremos a su disposición varios juguetes para perro que podrá destruir. Si destruye su cesta, no tenemos que cambiarla en ningún caso. Podemos utilizar productos amargos que colocaremos sobre los objetos, pero es preferible obtener una corrección natural de los trastornos. También podemos darle un objeto personal para que lo vigile. Se sentirá orgulloso de este nuevo papel.

Cuando escarba y araña

Este tipo de destrucción se manifiesta únicamente en el exterior de la casa, pero también puede ser mal aceptada por los amos o los vecinos.

El «escarbador»

Los perros que escarban en el jardín sólo imitan a su amo. Si nuestro perro manifiesta esta tendencia, podemos intentar no trabajar en el jardín en su presencia.

Para él es muy divertido vernos enterrar algo e imaginar que lo desenterrará más tarde. Los amos excusan a menudo este comportamiento en el cachorro. Tenemos que reñirlo enseguida y pedirle que se siente a nuestro lado. Se trata también de la manifestación de un instinto de construcción de una madriguera. Las hembras en gestación lo hacen a menudo. Si no viven en jardines, rascan los cojines o la moqueta. Este comportamiento es normal, pero para evitar la destrucción del suelo de nuestra casa tenemos que poner a su disposición únicamente una caja de cartón con algunos trapos viejos dentro. Fabricarán de esta forma su «nido». Las hembras que durante la gestación están muy nerviosas también tienen este tipo de comportamiento. También podemos poner una caseta para perro en el jardín. Pero tenemos que dejar que el perro se tome su tiempo para instalarse. Si el amo se muestra impaciente de ver cómo el animal se tumba en la caseta, este puede llegar a ser «alérgico» a ella. El animal que escarba puede expresar a veces una frustración. Es el caso del perro que enviamos al jardín para castigarlo. Al escarbar se liberará del sentimiento de exclusión. El jardín tiene que ser un lugar de descanso, no de aislamiento. Si el perro escarba para escaparse pasando por debajo de la reja, podemos distraerlo colocando una pelota en el agujero. Entonces pensará más en sacar la pelota del agujero que en escaparse. También puede tratarse de un perro huidizo que quiere marcharse a cualquier precio (véase el apartado «El fugitivo», pág. 109).

El arañador

Los perros que arañan se ceban a menudo con las puertas o los muebles. Ciertas hembras arañan el sofá de su amo. Es el caso de las hembras que no han sido suficientemente rechazadas durante la pubertad y que tienen una actitud sexual frente a su amo. No debemos acariciarlos demasiado durante los periodos de celo, y tenemos que reglamentar nosotros mismos las caricias. Esta situación de arañazos se produce también cuando encerramos al perro en una habitación por la llegada de visitantes. El perro está en su casa y no es a él a quien debemos aislar.

La jerarquización

Ya hemos visto cuál es la importancia del lugar que ocupa el perro en la familia para el aprendizaje de la vida con los demás y para construir las bases de una buena educación. Aunque esto sea turbador para algunos amos, el perro tiene que ser un dominado. No debe tomar nunca la iniciativa de nada, aunque algunas situaciones parezcan ridículas en un principio.

Como ya hemos visto para la ansiedad por la separación, otorgaremos un lugar privilegiado a la noción siguiente: los trastornos de la jerarquización. Son la causa de numerosas manifestaciones del comportamiento de tipo patológico, sobre todo los mordiscos. La causa es una ausencia total o parcial de órdenes por parte del amo. El perro se considera entonces como el protector del amo o de la familia. También cree que es el jefe y que esta posición le permite imponer su ley. Si los miembros de la familia no la respetan, reaccionará con mordiscos, destrucción y ladridos... Un perro puede ser de carácter dominante, pero no tiene que ser dominante dentro de la familia. Dejaremos que estas relaciones de dominación se instalen entre dos animales. Ya hemos visto que la relación amo-perro se establece a través de cada orden: el perro come después de sus amos, se prohíben las manifestaciones sexuales, el perro duerme solo, etc. Se trata de actitudes que a menudo les parecen sádicas a los amos, pero no es así.

Las relaciones jerárquicas anormales pueden conducir a trastornos graves del comportamiento.

El mordedor

Desgraciadamente, la agresividad es el principal trastorno del comportamiento en los perros. Esto es todavía más doloroso si tenemos en cuenta que las principales víctimas son los niños. Además, los mordiscos se dirigen a menudo a la cara o las manos. El término *mordisco* es una fuente de conflictos. Los amos dicen a menudo: «No ha mordido, sólo ha pellizcado». Pero podría, en un futuro, ser más grave. En efecto, el perro que pellizca sabe que domina a su amo y que sólo con pellizcar puede ganar la batalla. El perro que muerde por primera vez es menos consciente de su fuerza. Pero lo será si no corregimos este trastorno y se da cuenta de que provoca miedo al morder. Todas estas manifestaciones prueban una actitud agresiva. El perro reacciona con agresividad a cualquier molestia. Es evidente que un mordisco puede tener consecuencias más graves. Lo que nosotros entendemos como más grave es el hecho de que un perro que muerde hoy puede pellizcar mañana, y esto no sería un signo de curación, sino al contrario. Si nuestro perro tiene esta actitud, no debemos subestimar los riesgos.

Tenemos que intentar entender por qué existe un comportamiento de este tipo y cómo podemos hacerlo desaparecer.

■ LAS CAUSAS

La principal causa de los mordiscos es una falta de jerarquización. Pero pueden existir otras causas, como las agresiones diversas hacia el perro. Hablaremos luego de las soluciones.

El dominante
El perro se considera como un dominante en el medio familiar y nadie le hace comprender que se ha equivocado. Actuará cuando una cosa no le guste, y el mordisco es una llamada al orden para los fuera de la ley (su amo, por ejemplo). El perro, fuera de estos momentos de agresividad, se encuentra a menudo muy tranquilo y es muy amable. Esto es lo que hace que el amo diga: «Pero si no es malo. Sólo muerde de vez en cuando». Es el caso de los perros que muerden cuando les colocan la correa. No han aceptado este gesto. No quieren someterse. Algunos amos pasan su vida buscando formas de engaño cada mañana para poner la correa. Soportan esta situación hasta el día en que el mordisco es demasiado grave. La única salida es entonces la separación del amo y de su perro. Para evitar llegar a este punto, tenemos que reeducar al perro.

El agredido
El perro puede morder porque se siente agredido. Es el caso del perro que vigila la casa. Alguien entra en su territorio, él lo defiende y esto parece normal. Es lógico que el perro advierta de que hay alguien que viola su territorio. Para ello dispone de los ladridos. Si esto no es bastante disuasivo, puede gruñir. Pero no debemos animarlo a que muerda.

Si queremos tener un verdadero perro guardián, tenemos que hacer que lo adiestren. Aprenderá entonces a morder «correctamente».

El perro enfermo
Es lo que sucede con los perros viejos y enfermos. A veces muerden porque se sienten agredidos cuando los tocamos o simplemente cuando nos acercamos.

La falta de libertad
El caso de un animal atado con una gran correa delante de la casa es clásico. Es la mejor forma para «fabricar» un mordedor. El perro siente que su territorio se ha reducido al espacio en el que puede desplazarse al final de su correa. No puede sustraerse a un eventual agresor. Este puede ser un niño que lo molesta o simplemente alguien que pasa demasiado cerca. El perro no avisará, morderá en cuanto pueda.

La responsabilidad del amo
No debemos descuidar este origen de los mordiscos. Algunas personas «animan» a su perro para que tengan esta actitud. Si el perro tiene que vigilar la casa y se trata de un perro que impone, lo educarán de tal forma que el mordisco será una respuesta banal para el perro.

Ni siquiera un perro guardián tiene que morder. Tiene que ser disuasivo simplemente.

¿Qué se puede hacer?

Es importante no rendirse, tanto separándonos del perro como cediendo.

Algunos amos prefieren vigilar para no dejarse morder que intentar una reeducación. No es la mejor solución.

El dominante

Tenemos que encontrar un orden normal en las relaciones perro-familia. Todos los miembros de la familia tienen que situarse como dominantes. No podremos hacer que el perro lo entienda a través de las palabras y tendremos que intervenir con situaciones tipificadas. Estas situaciones e intervenciones son cuatro: la comida, el reposo, la sexualidad y pasar el primero. Detallaremos lo que puede modificarse para controlar a un perro mordedor en un primer momento y luego curarlo.

Ya hemos visto las reglas de base. El perro come después de sus amos y solo, no duerme en la habitación, el amo no acepta ninguna manifestación sexual y mantiene la iniciativa en todas las decisiones.

En el perro dominante mordedor no se respeta ninguna de estas reglas. El amo no hace esto de forma consciente. Se trata a menudo de soluciones cómodas: es más sencillo que el perro coma antes que nosotros, pero no siempre valoramos las consecuencias. Desgraciadamente tenemos que obligarnos a imponer estas reglas.

Tenemos que hacerle comer después de nosotros, sin darle nada durante nuestras comidas. Si gruñe, tenemos que reñirlo y decirle: «¡Tumbado!» o «¡Sentado!». Si no lo dominamos, no debemos tocarlo, pero tampoco debemos ceder. Es un primer paso hacia la reeducación.

Tenemos que proporcionarle un rincón blando y agradable y cerrar la puerta de nuestra habitación. Nos aguantaremos si grita. Si todas las situaciones se corrigen al mismo tiempo, el perro entenderá rápidamente que su estatus social está invirtiéndose. Debemos tomar la iniciativa en todo. Los amos se divierten a menudo viendo a un perro que trae su correa y que abre la puerta para salir. Esta situación no tiene nada de divertido en un perro mordedor, puesto que es una señal de dominación del perro.

Nuestro perro tiene que pasar siempre en último lugar. Tenemos que reencontrar nuestro rango de dominante, y esto para todas las situaciones diarias.

El agredido

Si el perro ha mordido de forma excepcional a un desconocido, no podemos hablar de trastorno del comportamiento, aunque esta reacción sea anormal. Por el contrario, si el perro muerde de forma sistemática al cartero, tenemos que actuar. Tenemos que empezar de nuevo todo el aprendizaje del territorio. Hay que hacer entrar a una persona en nuestra presencia y pedir al perro que permanezca detrás de nosotros. Si ladra de forma violenta, no debemos prestarle atención sino felicitarlo en cuanto acabe de ladrar. Comprenderá de esta forma que esta persona no lo está desafiando al entrar en su territorio y que esto es normal.

Repetiremos la experiencia varias veces con algunos días de intervalo. Sólo de esta forma sabrá distinguir los verdaderos intrusos de las personas que nosotros conocemos.

El perro enfermo

Los animales viejos sufren a menudo dolores crónicos como la artrosis, y a veces se vuelven agresivos. Sobre todo durante una crisis se vuelven muy irritables. Aunque el amo debe controlar la situación, tenemos que excusar a estos perros y la reeducación tiene que pasar por la indulgencia del entorno para no provocar el mordisco.

Los tratamientos médicos destinados a aliviar al perro son un remedio eficaz contra este tipo de actitudes.

No debemos estar nunca orgullosos de nuestro perro cuando muerde, aunque esto nos parezca justificable. No debemos colocarlo en una posición crítica: atado con una cadena, encerrado en un coche, etc.

A veces se castra a los machos agresivos: tenemos que consultar con nuestro veterinario si este tratamiento puede adaptarse a nuestro animal.

El síndrome de privación

Forma parte, con la ansiedad por la separación y la falta de jerarquización, de las tres grandes causas de los trastornos del comportamiento.

Provoca numerosos síntomas, pero un trastorno predomina en cada uno de ellos.

La ansiedad engendra muy a menudo un comportamiento destructor, y la falta de jerarquización provoca un comportamiento típico de perro mordedor.

El síndrome de privación permite explicar sobre todo fenómenos de miedo en los perros.

Antes de centrarnos en las fobias de los perros y de encontrar una solución para cada una, intentemos comprender el mecanismo y el origen general de los miedos de los perros.

El término de privación designa la falta de estimulaciones diversas en las primeras semanas de vida del cachorro.

Estos perros tendrán comportamientos patológicos cuando estén en contacto con un medio muy rico en estimulaciones visuales o sonoras (calles, coches, motos, tormentas, etc.) porque no estarán acostumbrados a ellos.

Son indispensables numerosas estimulaciones, que sean variadas, y que intervengan muy pronto en la vida del cachorro para su desarrollo «intelectual» y neurológico.

El caso de cachorros criados en algunas perreras aisladas, en cercados y no viendo a nadie antes de la venta es significativo. Tienen miedo de los ruidos más anodinos, como un objeto que cae, una bolsa de papel que arrugamos o una hoja que cae del árbol. La vida del amo y la del cachorro se vuelven entonces difíciles.

Además, estos animales están siempre en estado de alerta por miedo a lo que pueda suceder.

Esta situación provoca a menudo un exceso de apego del perro por su amo, en el cual busca un consuelo permanente. Pero no sería dramático... si esto no pudiera evolucionar en un síndrome llamado ansiedad de la separación (véase el apartado correspondiente) y engendrar nuevos trastornos.

El asustadizo

Es normal que el perro tenga miedo de los ruidos muy aparatosos como la tormenta o los petardos de las verbenas.

El perro asustadizo se amedrenta por pequeños ruidos anodinos (el teléfono, un objeto que cae...) o por situaciones que siente que son peligrosas cuando en realidad no lo son (un coche o una bicicleta que pasan). No consigue tranquilizarse, incluso cuando el estímulo que desencadena el miedo ha desaparecido. Parece como si estuviera en un estado secundario que le impide

■ LAS REACCIONES DEL ANIMAL ASUSTADIZO

Pueden ser muchas por una misma causa. La destrucción y los mordiscos son reacciones a estimulaciones violentas (tormentas). Los mordiscos, inhibiciones y trastornos digestivos son la respuesta a los miedos crónicos.

La destrucción
Un animal asustadizo puede destruirlo todo a causa de un ruido. A menudo hace sus necesidades por todas partes.

La escapada
Puede escaparse. Las huidas durante las verbenas son frecuentes. También puede esconderse debajo de un mueble o de un armario.

El mordisco
El animal puede morder cuando intentamos tranquilizarlo.

La inhibición
Puede sentirse totalmente inhibido, orinarse encima o no moverse más. Es el caso de los animales que tienen un amo demasiado autoritario.

Los trastornos digestivos
Los trastornos digestivos también son muy frecuentes (diarreas o vómitos).

controlarse, permanece persuadido de que la causa de su miedo está siempre presente. En ese caso debemos desensibilizar al animal con un acercamiento lento y progresivo hacia la fuente de miedo.

Los cazadores tienen la costumbre de poner a prueba a los perros jóvenes. Si les dan miedo los disparos, los jubilan rápidamente. Pero podemos solucionar los miedos del perro sin escoger esta solución extrema.

Las causas

Aparte de los estímulos importantes y puntuales que provocan el miedo, como los ruidos, los truenos, etc., intentaremos comprender por qué un perro puede tener una reacción desproporcionada ante una situación anodina.

La falta de estimulación

El miedo puede concentrarse sobre un solo tipo de ruido (los petardos, por ejemplo). Ya hemos visto que aunque esto es molesto, no es regular. Por el contrario, la calle en su conjunto (coches, transeúntes, etc.) puede ser fuente de miedo y la vida se vuelve entonces más difícil. Una determinada raza de perro puede asustar al nuestro. Algunos tienen miedo de los perros grandes y otros de los pequeños.

Todos estos miedos son debidos a una falta de estimulaciones diversas del cachorro. Tiene que estar acostumbrado a todo y a todos desde muy joven. (Hablaremos de las técnicas de estimulación más adelante).

Un mal recuerdo

El miedo puede ser debido a un mal recuerdo asociado a acontecimientos precisos.

El animal no habría tenido miedo la primera vez si un acontecimiento suplementario no hubiera intervenido.

El perro que ha recibido un mordisco de otro perro tendrá miedo de los perros cuando antes no lo tenía. El simple encuentro con un animal después del mordisco provocará signos de pánico o de agresividad, y esto independientemente del tamaño del perro: no es raro ver grandes molosos que tienen miedo de los perros pequeños.

¿Qué se puede hacer?

El objetivo de la reeducación es hacer que el perro olvide su miedo. No podemos explicarle con palabras que la situación no es peligrosa. Tendrá que darse cuenta por sí mismo. Pero tenemos que ayudarlo.

Existen cuatro métodos para ello. Podemos aplicarlos solos o como complemento los unos de los otros.

No consolar

Al consolar a nuestro perro, damos una importancia real a su miedo y lo reforzamos. Acariciar a un perro que tiene miedo y hablarle con dulzura es un reflejo normal. Pero tenemos que aguantarnos las ganas de hacerlo.

El placer ante todo

Si tenemos miedo de coger el avión, podemos cogerlo con un amigo que hablará con nosotros durante el viaje. Al final conseguiremos no pensar más en nuestro miedo.

Utilizaremos este mismo principio con el perro. Tenemos que asociar a la situación de miedo una situación de placer más intensa. El perro asociará de esta forma el motivo del miedo al placer y no a la angustia.

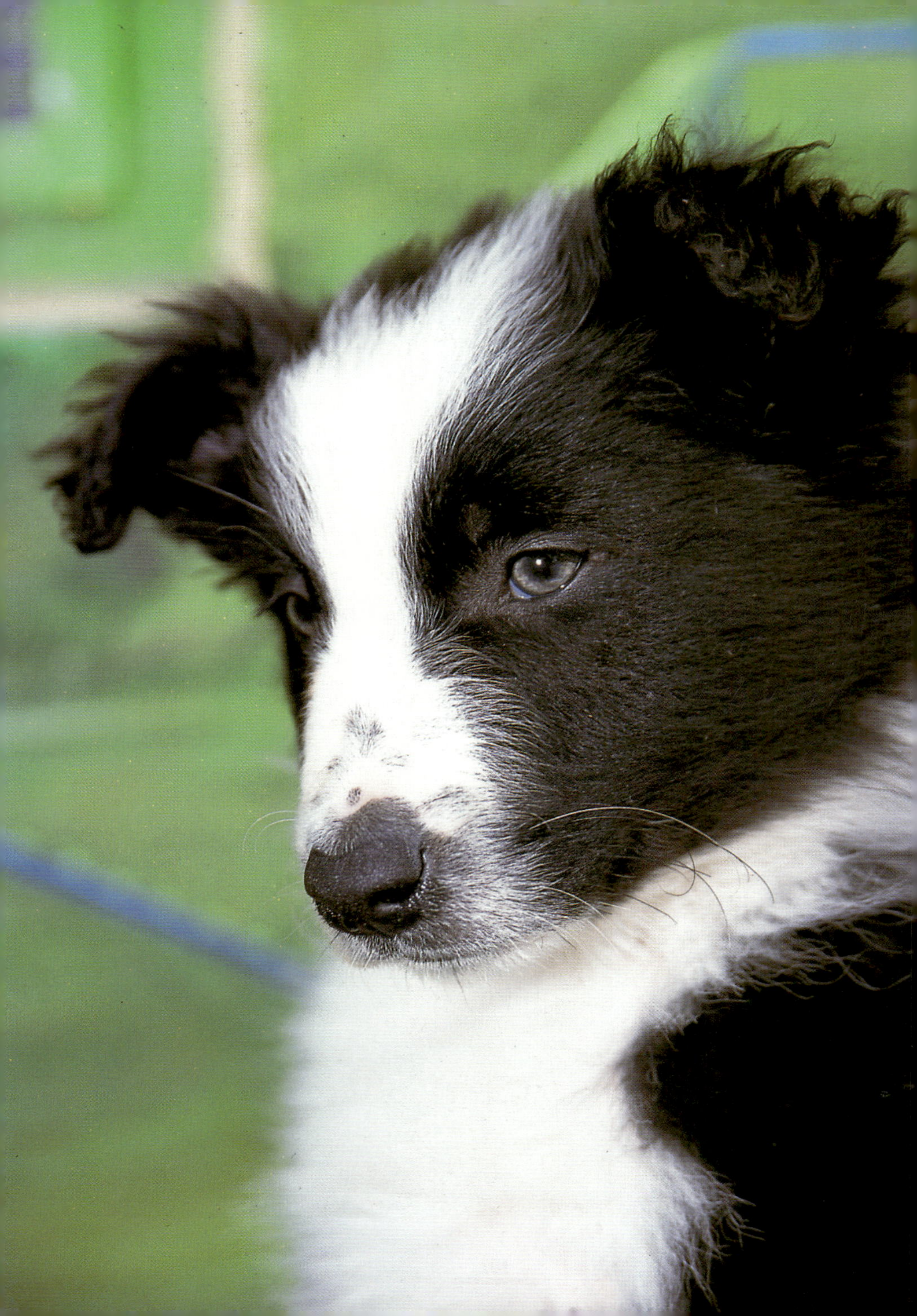

Si nuestro perro tiene miedo de los coches cuando se encuentra en la calle, podemos darle una golosina en el momento en que llega el coche y acariciarlo pero sin consolarlo.

También podemos llamarlo y jugar con él mientras pasa el coche.

La costumbre

Otra técnica de reeducación consiste en acostumbrar al perro de forma progresiva a la situación de miedo. Esto es válido para las situaciones que se repiten de forma regular.

Tenemos que evitar tirar petardos durante todo el año para curar el miedo a las noches de verbena. Lo que es importante es poder detener rápidamente la situación de miedo que hemos provocado de forma voluntaria. Si tiene miedo de los coches, pediremos a un amigo que se detenga cerca de nosotros en su coche, pero que se aleje en cuanto el perro esté aterrorizado. Poco a poco alargaremos la duración de los estímulos.

La estimulación

Tenemos que presentar al perro joven un máximo de estimulaciones. Es lo que ya hemos señalado en el capítulo «El aprendizaje de los demás». Para un perro asustadizo, tenemos que empezar de nuevo este aprendizaje poco a poco y colocarlo en situaciones estimulantes (presencia de otros perros, ruidos, niños...).

■ **CASOS PARTICULARES**

Proponemos a continuación algunos ejemplos de tratamiento mediante métodos de desensibilización adaptados a cada situación. Estos ejemplos no tienen un valor universal, y podemos encontrar otras astucias para desensibilizar un perro. Solamente permanece constante el principio general de los métodos.

El miedo al teléfono
Este miedo puede parecer divertido. En efecto, un perro que ladra y salta sobre el teléfono no es una situación dramática.
Pero el perro puede volverse agresivo con la persona que telefonea. Esta actitud es interpretada por los amos como celos, pero no es así. Es muy útil corregir este comportamiento.
El primer reflejo que debemos tener es no gritarle al perro, ya que esto aumentaría su reacción. Luego diremos a algunos amigos que nos llamen, dejaremos que el teléfono suene, y si el animal reacciona, no lo descolgaremos hasta que se haya calmado. Para no provocar al perro, dejaremos que el teléfono suene un máximo de diez veces (si no descolgamos, los amigos tienen que detenerse). Felicitaremos al perro cuando deje de ladrar y podamos descolgar el teléfono.

La tormenta
Si las tormentas son poco frecuentes en nuestra región, quizá no sea necesario emprender una reeducación. En cambio, si estamos en la montaña y el perro está aterrorizado por cada trueno, tenemos que ayudarlo. Los amos señalan que el perro siente la llegada de la tormenta. Las manifestaciones de miedo pueden preceder al trueno y ser muy intensas en el momento del ruido. También la luz del rayo los atemoriza.
Podemos hacer una grabación del ruido del trueno y pasárselo al perro a bajo volumen y aumentar luego la intensidad día a día.
Tenemos que distraer al mismo tiempo al perro para que oiga el ruido mientras hace otra cosa. No debemos consolarlo, que es lo que sucede normalmente en las situaciones reales, porque algunos amos tienen también miedo de los truenos.
Gracias al ruido de fondo de la tormenta y a la ocupación anexa, el perro no relacionará más la tormenta y su miedo y soportará mejor la situación.

El miedo a los coches
Los orígenes de esta fobia son múltiples. Puede ser debido al primer viaje de la perrera a casa durante el cual el amo y el cachorro estaban ansiosos. Un accidente de coche puede dejar también malos recuerdos.
El perro puede expresar su miedo en el coche volviéndose agresivo o poniéndose enfermo. Es importante acostumbrar al perro al coche, como ya hemos indicado en el capítulo «El aprendizaje del territorio» (pág. 65). Examinaremos cómo reacostumbrar a un perro y hacer que desaparezca esta ansiedad. Podemos retomar la educación haciendo trayectos muy cortos sin consolarlo, algo que sólo reforzaría su ansiedad. Tenemos que hacer que el perro olvide su miedo. Cogeremos uno de sus juguetes y se lo daremos durante el trayecto. Esto lo puede distraer y tranquilizar.
También podemos darle, al detenernos, la comida en el coche. Esto nos permite banalizar el coche, puesto que el vehículo solo, fuera de todo trayecto, es a veces el origen del miedo. Dejaremos, siempre que sea posible, que suba en el coche cuando quiera, dejando las puertas abiertas.
Tenemos que evitar utilizar este medio de transporte únicamente en los casos que le provocan una ansiedad suplementaria: visita al veterinario, la perrera durante las vacaciones, etc. Aunque no veamos la utilidad inmediatamente, tenemos que hacer viajar en coche al perro asustadizo muy a menudo, ya que la solución que consiste en no subirlo más en coche porque tiene miedo sólo agrava el problema.

El fugitivo

La huida es la partida prolongada del perro de su territorio. Se escapará de nuestra casa por propia voluntad. Sabe que sale de su casa, que no tiene derecho y que no tiene la intención de volver rápidamente. El sentimiento de falta está presente en su espíritu y, por lo tanto, intentará burlar nuestra vigilancia. Esto es muy distinto del perro que se pierde. Nuestro perro puede, en efecto, escaparse momen-

Prevenir

Para evitar todas estas fobias, la educación y la socialización son fundamentales.

El perro tiene a menudo miedo de las situaciones que no conoce.

Los amos, por su parte, tienden a consolar al perro cuando este siente miedo.

Esta actitud refuerza el miedo, porque prueba al perro que tenía razón de estar atemorizado; al sentirse acogido no resuelve el problema, más bien lo evita.

La prevención pasa por una estimulación muy importante del perro. No se trata de asustarlo sin cesar para que se vuelva insensible. Debemos ponerlo en contacto con otros perros, con otros animales, con la gente, y enseñarle los ruidos de la calle.

Si expresa una angustia frente a una situación, tenemos que hacer como si no sucediera nada y distraerlo de lo que le da miedo jugando con él, llamándolo o dándole de comer, por ejemplo, pero sin llegar a convertirlo en bulímico.

táneamente por un lugar que no le es familiar (bosque, parque) y no encontrarnos más. El fugitivo, en cambio, es consciente de su huida.

Las causas

El carácter del perro, las condiciones en las que vive y todas las modificaciones de su entorno próximo pueden provocar las fugas, pero también, y sobre todo, la sexualidad. El miedo desencadena a menudo una reacción de fuga, pero también pueden ser otras las causas de las fugas.

La sexualidad

La actividad sexual y la búsqueda de una pareja, sobre todo en los perros machos, son las principales causas de fugas. Este fenómeno es, además, muy conocido en los gatos, a los que se les practica la castración como remedio.

A los perros se los castra muy raramente, puesto que la educación tiene que permitir retenerlos. Además, esta operación se destina normalmente a corregir el comportamiento de un perro mordedor y no de un perro fugitivo. El perro empieza a arañar las puertas; luego quiere salir en cuanto una de ellas se entreabre. La reacción de los amos, que consiste en atar al perro durante estos periodos de celo, no hace más que agravar la situación. El perro sólo busca escaparse. Es frecuente ver a machos saltando por encima de altos cercos o realizar agujeros enormes para pasar por debajo, y todo ello durante unos segundos de desatención.

El medio familiar

El perro puede fugarse porque no se encuentra bien en su medio familiar. Esto sucede cuando se ha producido algún cambio: nacimiento de un bebé, llegada de un nuevo perro, cambio de casa.

El perro irá a buscar a otra parte (todavía no sabe dónde) una seguridad y un afecto que cree que ha perdido en nuestra casa. Se trata más de una fuga de un entorno que de una búsqueda inmediata de otro. Pero si la ocasión se presenta, escogerá una nueva familia. Por eso, muchas veces se recoge a perros adorables: no todos tienen amos malos, se escapan únicamente porque la situación ya no les parece agradable.

Las razas

No podemos negar el hecho de que algunas razas son más propensas a fugarse que otras. Los perros nórdicos son un buen ejemplo de ello, igual que algunos perros de caza. Esto no quiere decir que debamos resignarnos y excusar al perro; simplemente tenemos que estar más atentos. Podemos tener perfectamente a un husky en un jardín, sin tener que estar permanentemente buscándolo si está bien educado.

El miedo

Algunos perros se escapan durante las tormentas o en las noches de verbena. Tenemos que remitirnos más arriba al párrafo que trata sobre el perro asustadizo. Los cachorros tienden a escaparse por «inconsciencia». Tenemos que vigilarlos mucho si el medio donde viven es peligroso (un jardín sin cerco, por ejemplo).

¿Qué se puede hacer?

El tratamiento varía en función del origen de la fuga.

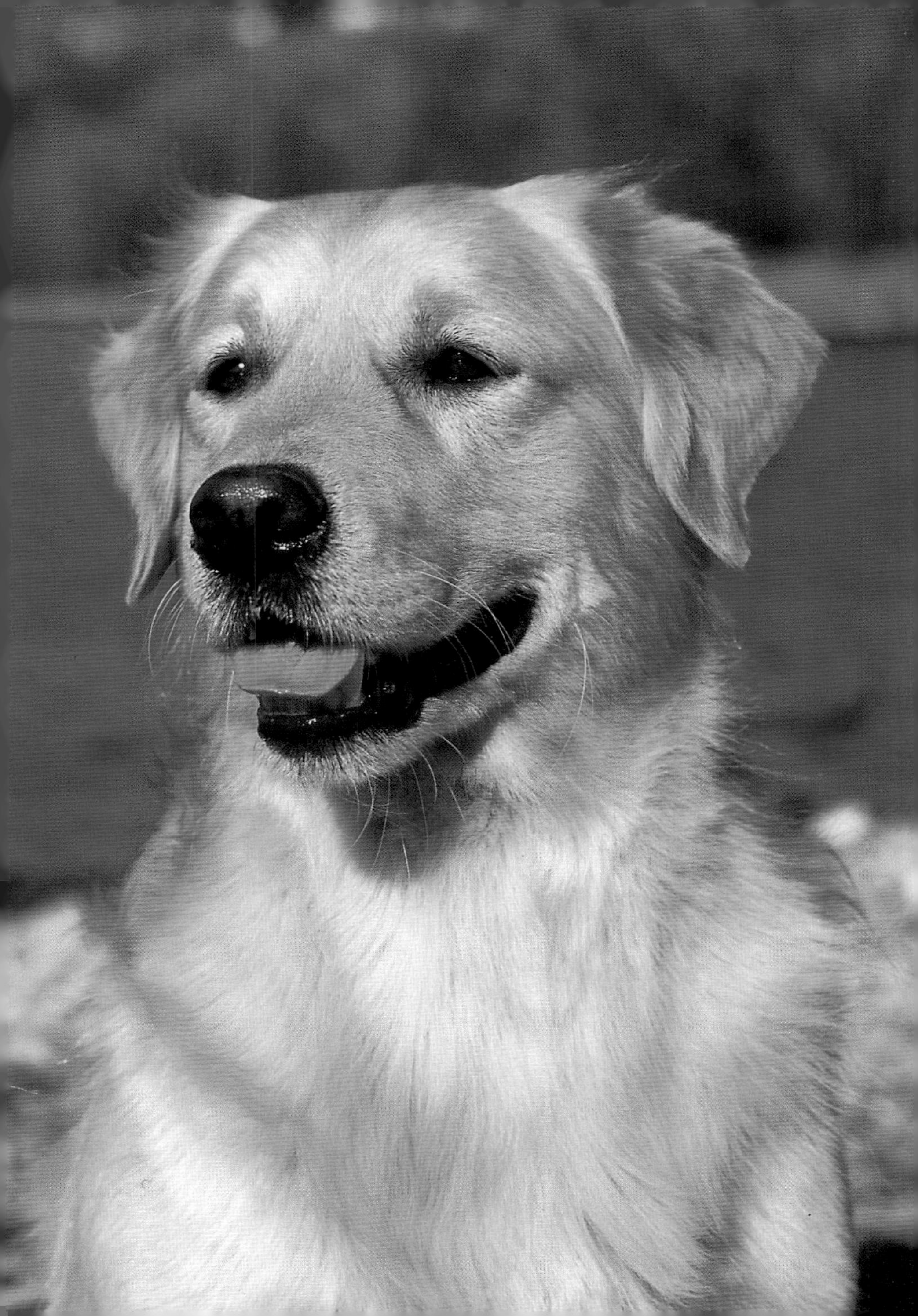

relación con otra raza. Si adquirimos un perro ya adulto, tenemos que empezar el aprendizaje desde cero y centrarnos exclusivamente sobre ejercicios de llamada.

La fuga debida al miedo

Remitirse más arriba al párrafo sobre el perro asustadizo.

El camorrista

Algunos perros pueden pelearse con otro de forma ocasional. Por ejemplo los perros machos que se pelean al sentir la proximidad de una hembra en celo. Tenemos que analizar la situación que ha provocado la pelea para que no se repita nunca más.

Hablaremos aquí de los perros que se pelean en cuanto ven a otro animal y sin razón aparente. Se trata en ese caso de una situación difícil, puesto que los amos tienden a evitar a los demás animales.

La fuga sexual

Desgraciadamente, la educación no es de gran utilidad en este caso. Para las fugas de origen sexual podemos calmar al animal con productos hormonales. En cambio, se desaconseja encerrarlo, porque esto puede provocar un sentimiento de injusticia.

La fuga debida al medio familiar

Tenemos que otorgar de nuevo al perro un lugar en la familia. Si se ha producido una modificación, tenemos que dar confianza al perro paseándolo, acariciándolo y jugando con él. Pero no olvidemos mantener siempre su lugar de dominado incluso mientras lo mimamos.

La fuga debida a la raza

La educación es en este caso un remedio eficaz. Si tenemos un cachorro de riesgo, tendremos que poner mucha atención al aprendizaje de la llamada y a caminar con correa. Algunas razas tienen esta fama, pero es perfectamente posible pasearlas sin correa.

Simplemente tenemos que privilegiar esta enseñanza en

112

Este aislamiento del animal refuerza solamente su comportamiento agresivo el día en que se encuentra en contacto con un perro o un gato.

Las causas

Las nociones de territorio y de jerarquía son fundamentales en este trastorno del comportamiento.

El territorio

El caso más frecuente es un conflicto de territorio. Esto no parece evidente en un principio, puesto que el perro se apropia de un territorio que en realidad no es el suyo. Sacamos, por ejemplo, a nuestro perro con la correa para que haga sus necesidades. Si se trata de un macho, orinará un poco por todas partes para delimitar un territorio. Si otro perro viene y hace lo mismo en el mismo lugar, la pelea puede desatarse, puesto que esta actitud es una afrenta para nuestro animal. El hecho de mantenerlos con la correa y la presencia del amo no hacen más que aumentar el riesgo de ataque.

El obstáculo

Los perros se pelean también cuando hay algo que los separa. Si colocamos una reja en medio de un patio para separar a dos perros, se pelearán a través de la reja. Si la quitamos, dejarán de pelearse. A menudo es preferible no colocar ningún obstáculo entre los perros que pueden enfrentarse, aunque esto pueda parecer extraño. Tenemos que dejar que establezcan su jerarquía, pero siendo conscientes de que es una situación no exenta de riesgo y que podría saldarse con alguna herida más o menos grave.

La jerarquía

La falta de jerarquización se encuentra también entre las causas de este tipo de comportamiento. El perro quiere defender a su amo o enseñarle que él es el más fuerte. Así pues, se pelea en su presencia y por él.

¿Qué se puede hacer?

Cuando la pelea ya ha empezado, ya hemos visto que no debemos gritar. Las demás recomendaciones ya se han explicado. Aquí veremos únicamente cómo reeducar al perro. No debemos evitar, como ya hemos dicho, las situaciones de riesgo. Al contrario, debemos provocarlas para dominarlas mejor.

Si tenemos dos perros en casa que se pelean muy a menudo, no debemos separarlos bajo ninguna circunstancia. Algunos amos pasan sus días

■ ¿QUÉ HACER CON UN PERRO CAMORRISTA?

Si tenemos un perro camorrista, intentaremos encontrar a otro amo (¡y amigo!) comprensivo que quiera ayudarnos. Sacaremos a pasear al perro fuera y, al encontrarnos con el otro perro, manifestaremos una gran alegría frente al amo del otro sin ocuparnos de los animales. Si nuestro perro es hiperprotector estará contento de vernos tan alegres. Si intenta llamar nuestra atención saltando encima del otro amo, tiraremos de la correa y haremos que se coloque detrás de nosotros. Si gruñe al otro perro y se prepara para atacar, concluiremos la conversación rápidamente pero sin ser bruscos y siempre manifestando alegría. El perro no debe percibir que nos vamos por su culpa. Repetiremos este ejercicio al día siguiente. Lo ideal es realizarlo con perros distintos. Más adelante nos pasearemos juntos, los dos perros y los dos amos, para que entienda que la calle es de todo el mundo.

abriendo una puerta y luego cerrando otra para evitar el contacto de los dos perros hasta el día en que la pelea explota a causa de un descuido. La separación aumenta los riesgos de peleas. Tenemos que desviar su atención cuando se encuentran. Tenemos que jugar con ellos, llamarlos. Los más ansiosos ante la idea del encuentro son, finalmente y sobre todo, los amos.

Para los problemas de «dominante», nos remitimos al párrafo sobre la jerarquización.

El perro inquieto

Algunos perros son incapaces de permanecer quietos en un mismo lugar: las manifestaciones de su nerviosismo son los ladridos, los saltos, los tirones de la correa, idas y venidas por el jardín, etc.

La vida en un apartamento es difícil. El perro se sube a los sillones, baja de ellos continuamente. Duerme muy poco. Esto pone nervioso al amo que, al no soportar más a su perro, lo riñe o evita su contacto. El perro intentará llamar la atención del amo moviéndose todavía más.

Tenemos que encontrar rápidamente una solución, puesto que el nerviosismo y la destrucción son una causa frecuente de separación.

Las causas provocadoras

La ansiedad

La ansiedad se asocia a menudo a las causas favorables, la catalizadora que permite la aparición del trastorno. El perro no consigue controlarse cuando presiente que su amo se va, cuando se encuentra en

■ LAS CAUSAS FAVORABLES

No siempre son responsables por sí solas de este comportamiento. Normalmente se asocian a las causas provocadoras.

La raza
Tenemos que reconocer que existen algunas razas predispuestas a la agitación. Insistimos de nuevo sobre el interés de la buena elección de una raza.

La edad
El perro joven es más nervioso que el perro adulto, pero esta agitación tiene que tener límites. Un cachorro que lo devora todo y que se mueve sin parar puede clasificarse, sin riesgo a equivocarnos, entre los animales que están anormalmente agitados.

La forma de vida
Las condiciones de vida del amo que no se corresponden a las necesidades del perro provocan la agitación. El perro puede padecer por una falta de ejercicio.
La personalidad del amo también interviene: los que siempre van con prisas tienden a «fabricar» un animal agitado.

un lugar nuevo o cuando la situación es desconocida. Entonces se vuelve insufrible y el amo evita estas situaciones.

La socialización

Una mala socialización de partida también puede provocar nerviosismo. El cachorro que no ha visto nunca a otros animales tendrá un comportamiento de excitación en cuanto esté en con-

nuevo. Para que consiga controlarse, tenemos que pedirle que lo coloque a nuestros pies. No debemos ocuparnos del perro ni felicitarlo antes de que haya dejado el objeto, se haya tumbado y vuelva a estar tranquilo.

El salto sobre las personas

Es normal que un cachorro salte sobre las personas durante los primeros meses. Es, tacto con un animal. También le costará controlarse en presencia de varias personas.

Los niños lo excitarán fácilmente. Las sesiones de juego que no se controlan (tirones, gritos, etc.) conducen también a un estado de excitación permanente.

¿Qué se puede hacer?

Si hemos escogido una raza predispuesta a este tipo de comportamientos, tenemos que priorizar el aprendizaje de las órdenes de llamada a la tranquilidad, es decir, los «¡Sentado!», «¡Tumbado!» y «¡A la cesta!».

Ante todo, tranquilidad

Tenemos que mostrar nosotros mismos una actitud tranquila, evitando los gritos, el ruido... Debemos imponer tranquilidad ante cada situación. También podemos utilizar las sesiones de juego si están muy estructuradas. Lanzaremos un objeto que el perro tiene que traernos de

en efecto, lo que hace con su madre y con los demás cachorros de su camada. Pero tenemos que enseñarle que no debe hacerlo con las personas. Algunos perros mantienen esta mala costumbre.

Las causas

Los perros que no soportan la soledad manifiestan reacciones de alegría demasiado excesivas en forma de salto cada vez que regresa su amo o simplemente cuando se cruzan con alguien o con otro animal. Saltan también sobre todo lo que desconocen. Nos encontramos de nuevo con la ansiedad por la separación, la falta de estimulación y de socialización como causa de este trastorno.

¿Qué se puede hacer?

Si el perro nos salta encima, tenemos que agacharnos para saludarlo y mantenerlo en el suelo mientras le decimos: «¡Quieto!» o «¡Sentado!». Lo felicitaremos si mantiene esta posición cuando nos levantemos. Tenemos que evitar que reemplace el salto con el lamido de la cara. Si lo hace, tenemos que rechazarlo. Los amos aceptan y buscan esta señal de ternura, pero a pesar de todo es preferible no permitírselo. También podemos dar algunos pasos hacia atrás, suavemente. El perro saltará entonces en el vacío y le diremos a continuación que se siente.

En esta reeducación, es necesario multiplicar los ejercicios de este tipo. Tenemos que provocar el mal comportamiento para poderlo corregir lo más a menudo posible. Tenemos que lograr, poco a poco, que el perro entienda que nuestra alegría está provocada no por sus manifestaciones exuberantes sino, al contrario, por su tranquilidad.

El ladrador

Este comportamiento es la causa de numerosos desacuerdos entre vecinos, tanto en la ciudad como en el campo. El amo debe tener siempre en cuenta las quejas de los vecinos, aunque el perro tenga razones para ladrar.

Las causas

Los ladridos excesivos pueden ser debidos a un miedo, a la defensa del territorio, a una reclamación o a un estado ansioso.

El perro puede ladrar en cuanto alguien pasa por delante de la casa o cuando oye el ascensor. Este comportamiento aparece normalmente entre los cuatro y los seis meses en los animales que no son precisamente de carácter dominante. De hecho, el tímido tiende a reaccionar de esta forma. Una situación anormal para el animal, incluso repetida, puede provocar los ladridos. Un perro que vive con sus amos durante el día y al que se coloca en el jardín durante la noche tendrá este tipo de comportamiento. Algunas razas pequeñas están más predispuestas a los ladridos. Debemos rechazar el más mínimo fracaso desde muy pequeños.

¿Qué se puede hacer?

Para el miedo o la reclamación de comida, tenemos que consultar los capítulos anteriores. Estudiaremos aquí cómo detener los ladridos de advertencia. No debemos gritar al perro, puesto que ladrará todavía más fuerte para tapar nuestros gritos. Nuestros gritos lo excitarán y le confirmarán que la situación necesitaba los ladridos. No comprenderá que es precisamente a él a quien gritamos. Tenemos que pedirle que detenga los ladridos con el «¡Stop!» y permanecer delante de él sin movernos hasta que deje de ladrar. Esperaremos unos segundos y lo felicitaremos. Luego, iremos a ver qué sucede fuera pero sin él.

Para corregir este trastorno, tenemos que hacer que alguien provoque ruidos en la casa. Pediremos al perro que no se mueva en un primer momento, iremos a comprobar sin él y luego con él, pero tiene que permanecer siempre detrás de nosotros. Luego, le permitiremos que vaya a ver por sí mismo y sólo lo dejaremos ladrar cuando se encuentre delante de la «cosa» anormal. El perro tiene que entender poco a poco que una o dos señales son suficientes para prevenir al amo.

El desaseado

Tenemos que diferenciar bien el accidente de la suciedad permanente. Los accidentes pueden ser debidos a una gran emoción (alegría o miedo) o simplemente al aprendizaje de la limpieza. Si el perro realiza sus necesidades por todas partes de forma permanente, tenemos que actuar.

Las causas

Un aprendizaje demasiado permisivo puede ser la causa. La noción de territorio es en este caso todavía más importante. Tenemos que diferenciar dos tipos de desaseo: deposiciones de diarrea por todas partes en la casa o deposiciones normales en lugares precisos (a menudo en lugares elevados). Las primeras se deben a la ansiedad por la separación, y las segundas, a un caso de dominio.

■ ORÍGENES DEL DESASEO

El amo
El desaseo es el ejemplo típico por el que el amo deberá cuestionarse (sin por ello culpabilizarse): en efecto, la mayoría de los casos son debidos a un mal aprendizaje de la limpieza. Así pues, tenemos que encontrar una solución y ayudar a nuestro perro en lugar de rechazarlo, lo que sucede a menudo.

Un cambio
El origen puede ser también un cambio de situación (bebé, otro animal, traslado). El perro tiene necesidad entonces de marcar su territorio para reencontrar su posición.

La sexualidad
La presencia de una hembra en celo excita a los machos y provoca un marcaje del territorio. Esta situación es normal, pero no está en conocimiento siempre de los amos.

El territorio
También tenemos que pensar en respetar el dominio de nuestro perro. No debemos encerrarlo por la llegada de un amigo o de otro perro. Orinará cuando este se vaya.

¿Qué se puede hacer?

Entre todas las causas enunciadas, buscaremos la que se acerca más a nuestra situación. Intentaremos, en un primer momento, saber si nuestro compañero se acerca más al dominante o al ansioso.

Cuando el animal haga sus necesidades en casa, le daremos de comer en el lugar exacto donde lo ha hecho. Cambiaremos el lugar de la escudilla si el perro cambia de lugar para orinar.

Puesto que los perros saben diferenciar muy bien la zona donde comen y la zona donde hacen sus necesidades, evitan hacer sus necesidades donde comen. En cuanto veamos a nuestro perro que huele, tendremos que decirle: «¡Basta!», felicitarlo si obedece y sacarlo enseguida.

Si el perro adulto orina siempre ante la más mínima emoción, tenemos que intentar neutralizar las situaciones. Si orina cuando nos vamos o cuando volvemos, tenemos que darle las mínimas señales posibles de estas etapas. Si nuestro perro es muy emotivo, tenemos que estimularlo como ya hemos visto.

El ladrón

En un primer momento, es el amo el que tiene que intentar no provocar este comportamiento. No debemos dar nada a nuestro perro cuando estamos en la mesa y, sobre todo, nunca a escondidas. No debemos tirar la comida en el plato del cachorro. Tenemos que ponerla dentro cuando él no nos vea. Si reñimos al animal, incluso en el momento justo, intentará robar durante nuestra ausencia.

Los robos son casi siempre de comida, pero los perros también roban objetos que esconden en un rincón de la casa: calcetines, trapos, zapatos, etc. La actitud del amo es entonces muy importante.

Sólo debemos darle juguetes para perro. Si ha robado alguna cosa, no debemos correr detrás del animal cuando tiene el objeto en la boca. Tampoco debemos pedirle que nos lo devuelva: tomaría esto como un juego. Tenemos que sacar los objetos robados del escondite cuando el perro no nos ve y colocarlos en su lugar.

Si el perro roba algo muy preciso, podemos asociar este robo a una sensación desagradable. Si el perro busca en la basura, podemos colocar un producto amargo encima. Esta forma de corregir la conducta mediante la despersonalización del castigo es siempre la que ofrece mayores garantías de éxito en todos los casos.

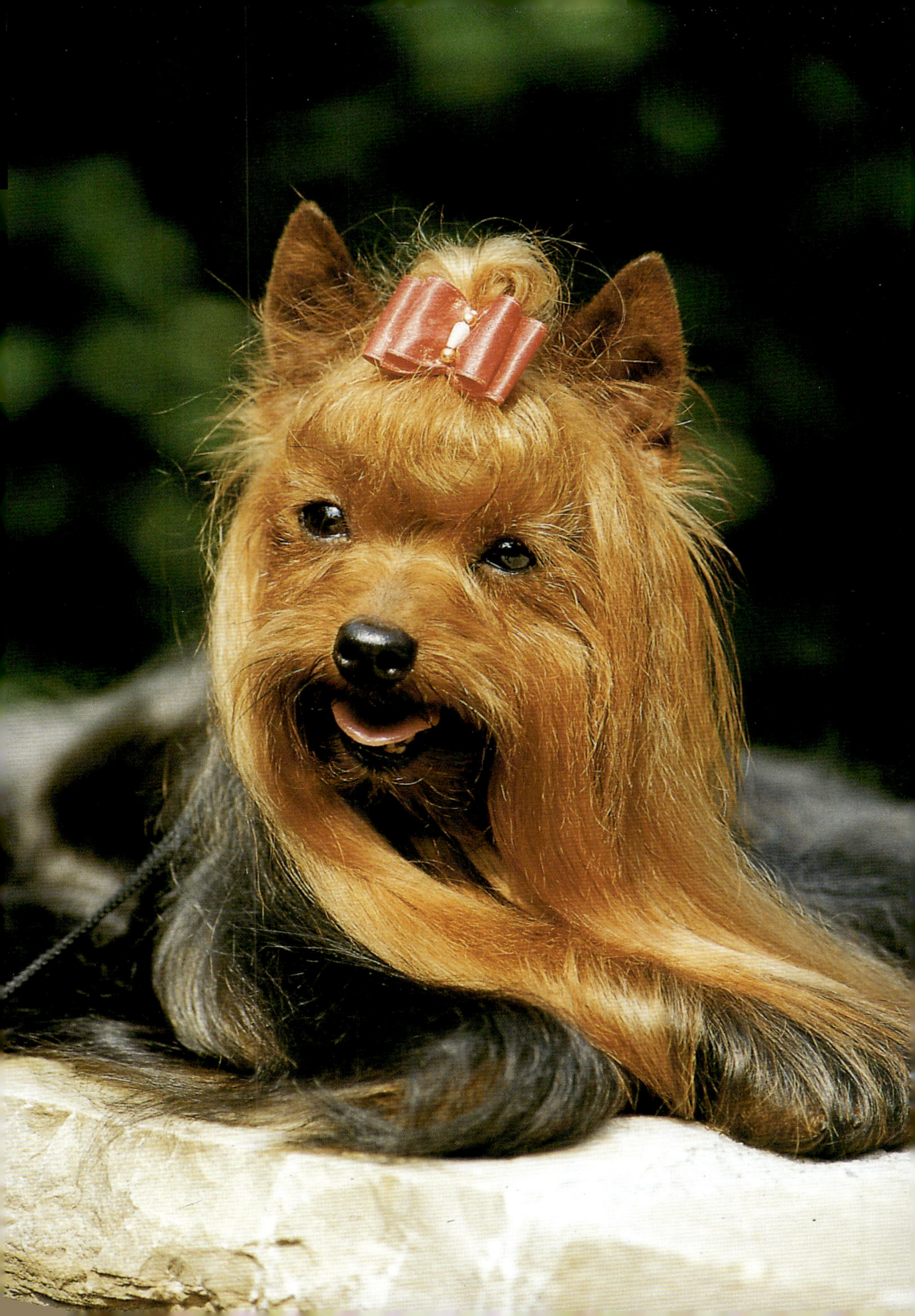

Los consejos del veterinario

La reproducción del perro

Los machos no tienen un periodo de actividad sexual determinado como las hembras, sino que reaccionan cuando ellas están en celo. La excitación sexual del macho puede impedirle comer e incluso crearle un estado de fuerte nerviosismo. El problema surge cuando un macho y una hembra viven bajo el mismo techo. En estos casos, lo mejor será administrar un anticonceptivo.

Si una perra es montada por dos machos diferentes en un breve lapso de tiempo, puede producirse la *supergestación*; en ese caso la camada estará compuesta por perros de padres diferentes. La gestación dura aproximadamente de 63 a 65 días.

• ¿*Hay medios para evitar el celo en la hembra?*
Existen dos tipos de contracepción: la farmacológica y la quirúrgica.

• ¿*Cuál es la operación más aconsejable?*

EL CELO

Las perras tienen dos periodos de celo al año; suelen darse cada seis meses y su duración nunca es superior a las dos o tres semanas. Durante quince días la perra tiene pérdidas. El primer celo no debe ser interrumpido y tiene lugar entre los ocho y los doce meses. La perra puede ser fecundada ya en el primer ciclo, aunque debemos procurar que no ocurra hasta el tercero.

LA CONTRACEPCIÓN

Los anticonceptivos pueden administrarse en forma de comprimidos o con inyecciones. La inyección debe aplicarse cada seis meses, un mes y medio antes de la fecha estimada del primer celo. Hay que esperar la aparición del primer celo para practicarle la inyección que suprimirá los periodos siguientes. Es muy perjudicial cortar el celo en pleno ciclo, porque se podría originar una infección del útero.

La ovariectomía consiste en la extirpación de los ovarios; la histerectomía, la del útero, y la ovariohisterectomía, la de los ovarios y útero.

En cuanto al macho, se le puede castrar o practicar una vasectomía.

Aunque la extirpación del útero impide que tenga descendencia, no por ello cesa la actividad hormonal, ya que los ovarios siguen intactos y el metabolismo de la perra no sufre trastornos graves. La extirpación de los ovarios es una operación más corta, pero no evita el riesgo de que durante la vejez el útero se infecte y se llene de pus (metritis). Por ello, a pesar de los inconvenientes del postoperatorio, la primera solución es la más recomendable.

• ¿*Un macho debe aparearse regularmente?*
Sería conveniente, pero en las ciudades es difícil que esto ocurra. Los trastornos del comportamiento debidos a la falta de actividad sexual son muy raros si el perro realiza un ejercicio físico normal.

• ¿*La perra padece la menopausia?*
No, la perra tendrá periodos de celo durante toda su vida y, por consiguiente, podrá entrar en gestación hasta una edad muy avanzada. Sin embargo, es mejor evitarlo a partir de una cierta edad para evitar complicaciones durante el parto.

• ¿*En qué momento debe ser montada una perra para quedar fecundada?*
El momento más propicio es entre el undécimo y el decimotercer día de celo.

• ¿*Cuántos pequeños puede tener una perra?*
Depende de la raza y del ejemplar. Las razas grandes pueden tener camadas de trece o catorce cachorros, si bien por término general no suelen tener más de cinco.

• ¿*Hay que efectuar algún trámite especial para la monta?*
En los perros de raza es importante efectuar el certificado de salto. Esto nos permitirá llevar a cabo la declaración de nacimiento y obtener los certificados de nacimiento para los cachorros.

• ¿*Existe una reglamentación especial para la monta?*
Si no hay acuerdo económico que contemple lo contrario, el propietario del macho tiene derecho a quedarse un cachorro de la futura camada, que elegirá él mismo. En caso de haber sólo uno, será para él. El propietario de la hembra es quien debe desplazarse al domicilio del propietario del semental para que tenga lugar la monta. Los gastos de desplazamiento corren por norma a cargo del propietario de la hembra.

INSCRIPCIÓN DE LOS CACHORROS EN EL LOE

El nacimiento de la camada debe comunicarse a la RSCE antes de que los cachorros cumplan 30 días. La RSCE enviará al criador los Formularios de Identificación Canina para identificar a los cachorros. La inscripción de la camada tiene que hacerse antes de que los cachorros cumplan 6 meses de edad, utilizando el impreso «Solicitud de Inscripción de Camada» y adjuntando los Formularios de Identificación Canina, cumplimentados por el veterinario colegiado. La RSCE enviará al criador un Justificante de Inscripción en el LOE o RRC.

• ¿*Hay un precio estipulado para el salto?*
Sí, pero es muy variable. Normalmente el dueño del macho es quien propone el pre-

cio de la camada en función del valor de su perro, que depende de la belleza y de los premios obtenidos. En el caso de los perros de caza, las cualidades técnicas del animal influyen considerablemente en el precio.

• *¿Cuánto dura el parto?*
El parto puede durar entre dos y doce horas, incluso más en alguna primeriza. La perra está inquieta, agitada, rasca el suelo y en algunos casos vomita. El intervalo entre el nacimiento de un cachorro y el siguiente oscila entre 10 y 60 minutos.

Después de cada nacimiento la perra expulsa la placenta correspondiente.

La expulsión de la última placenta se produce como máximo doce horas después del último nacimiento. Por lo general, el nacimiento del primer cachorro es el más largo. El color verdoso del líquido vaginal es normal.

• *¿Qué hacer durante el parto?*
Una vez preparado el cajón para el parto, hay que dejar tranquila a la perra. A partir del momento en que se aprecia el descenso de la temperatura corporal, permaneceremos a su lado. Cuando tenga las primeras contracciones, observaremos la vulva para saber si ha roto aguas. En caso afirmativo, ayudaremos muy suavemente al cachorro que nace. Si el saco no está roto, deberemos romperlo nosotros y ayudaremos al cachorro a salir. El cordón umbilical debe ser cortado a unos 2 cm (la madre puede dañar a los pequeños en el vientre si lo estira con demasiada fuerza). A continuación, secaremos al cachorro con una toalla, y cuando haya gemido lo colocaremos en el vientre de la madre. Una lámpara de infrarrojos puede dar el calor necesario a la camada. En caso de dificultad, avisar al veterinario.

• *¿Qué hacer si la perra no tiene leche?*
Alimentar a los cachorros con leche maternizada para perros. La lactancia artificial será obligatoria hasta las seis semanas. La leche de perra es muy diferente de la leche de vaca. Por tanto, no pueden sustituirse. La leche de perra es mucho más grasa. Existen varias maneras de preparar un alimento adecuado para los recién nacidos:

— 600 ml de leche de vaca entera, 10 huevos y 20 g de hueso en polvo;
— 800 ml de leche de vaca, 200 ml de crema fresca, una yema de huevo, 6 g de hueso en polvo;
— la solución más fácil consiste en mezclar un vaso de leche entera, otro de crema fresca y una yema de huevo. La cantidad dependerá del peso del animal.

• *¿Qué es la pseudogestación?*
Es una afección que tiene lugar aproximadamente dos meses después del periodo de celo. La perra no está preñada, pero tiene las mamas hinchadas y si se presionan sacan leche. El animal manifiesta un comportamiento maternal: toma muñecos, los cuida y gime. Este trastorno está originado por una modificación hormonal, que debe ser tratada por el veterinario.

• *¿Qué nombre daremos a los cachorros?*
El que más nos guste. Si nuestro cachorro es un perro de pura raza, además del nombre tendrá también un afijo. El afijo sigue al nombre, y no es más que el nombre del criadero, común a todos los cachorros de la camada, que debe estar registrado en la FCI. Los afijos de más renombre son una garantía de calidad. Para obtener un afijo, el criador debe pertenecer al club de la raza que desea criar. La solicitud ha de ser presentada antes de iniciar la producción. El criador se compromete a respetar las reglas siguientes: producir solamente perros inscritos en el LOE e inscribir todos los cachorros en el LOE.

• *¿Es normal que un perro se lama siempre los genitales?*
Sí, pero hay que reñirle para que no lo haga demasiado.

El perro viaja

El automóvil tendrá que disponer de un amplio maletero abierto por el interior, separado del habitáculo por una red o una reja que cumplan la normativa legal. No está permitido que los perros viajen en el asiento del acompañante. En los transportes públicos no está permitido el acceso de los perros grandes, excepto los lazarillos. En tren, el perro puede acompañarnos dentro del vagón si pesa menos de 6 kg y va en una bolsa o jaula. También existe la posibilidad de que viaje en un canil dispuesto en uno de los vagones de carga, en donde estará considerado como un bulto más del equipaje. No obstante, cada compañía establece sus propias normas para el transporte de animales. En barco, la reglamentación varía según las compañías. En avión, el perro deberá viajar en la bodega, que está climatizada y presurizada.

• *¿Se puede llevar el perro al extranjero?*
Para viajar al extranjero es obligatorio un certificado sanitario expedido por el veterinario, con fecha no anterior a una semana antes del inicio del viaje. El perro deberá estar al día de la vacuna antirrábica. Por otro lado, es conveniente solicitar información sobre la posibilidad de cuarentena obligatoria en la embajada del país de destino.

• *¿Cuáles son las vacunas obligatorias?*
Siempre que viajemos con el perro, es preciso llevar con nosotros unos certificados de vacunación que deben presentarse en los controles de aduana y en diversos establecimientos. El certificado de vacunación antirrábica se exige para cruzar fronteras, en cámpings, en residencias caninas y en las regiones declaradas de riesgo. En España, la obligatoriedad de esta vacuna es competencia de las Comunidades Autónomas.

• *¿Es obligatoria la identificación del perro?*
Desde el 1 de enero de 1995 existe en España la obligación de identificar a todos los perros mediante tatuaje o microchip. El tatuaje se practica preferentemente en el pabellón auditivo derecho, aunque puede hacerse en el belfo o en la parte interna del muslo. Actualmente se utiliza más el microchip, que se implanta subcutáneamente en el lado izquierdo del cuello, detrás de la oreja. A partir del 1 de enero de 2011, el único medio válido de identificación para la inscripción en el LOE o en el RCC es mediante microchip.

• *¿Hay que administrarle algún tipo de calmante antes de emprender un viaje?*

Si vamos a viajar en avión o en barco, no debemos olvidar darle un calmante una hora y media antes de la salida. Algunas compañías aéreas obligan a hacerlo antes del despegue.

• *¿Tiene que comer antes de viajar o durante el viaje?*
Es preferible que el animal viaje en ayunas, salvo cuando está muy acostumbrado a viajar habitualmente y no vomita. En cambio, es indispensable darle de beber.

• *¿Un perro puede cambiar de comportamiento a la vuelta de las vacaciones?*
Sí, puede experimentar una cierta depresión. No es que le entristezca regresar a casa, pero nota que al reanudar los horarios de trabajo sus dueños le dedican menos tiempo.

• *¿Cómo debemos programar el viaje?*
Es prudente efectuar una parada cada dos horas, en beneficio nuestro y del perro. El animal necesita orinar, beber y moverse un poco. Si se viaja a pleno sol, el perro no debe instalarse en la bandeja posterior, en donde la temperatura suele ser muy alta. Los mejores sitios son el suelo, los asientos posteriores o encima de una manta.

• *¿Pueden estar sueltos los perros en los cámpings?*
El dueño es responsable de un perro suelto en una propiedad privada.
Cualquier daño causado por este animal correrá a cargo del propietario. Puede ocurrir que los vecinos tengan miedo a los perros, y en tal caso el deber del propietario del animal será hacer que el perro permanezca en su parcela y tenerlo en todo momento bajo control.

• *¿Qué riesgo corremos si no tenemos los papeles del perro en regla?*
Las autoridades fronterizas nos pueden negar la entrada en un país extranjero, y puede ocurrir que no nos acepten en un cámping, por ejemplo. Si la vacunación antirrábica no está al corriente, el propietario del animal puede ser multado.

• *¿Hay una duración máxima que puede soportar un perro de viaje?*
Viajando en automóvil, el tiempo puede ser importante en la medida en que el perro está con nosotros. De hecho, conviene que coma, orine y estire las patas de vez en cuando. Aprovecharemos las áreas de descanso para jugar un poco con él. Evidentemente, no ocurre lo mismo cuando se viaja en avión, en barco o en tren. El límite soportable por parte de un animal se puede estimar en las ocho horas,

tiempo durante el cual puede no comer y aguantar sus necesidades fisiológicas. Si se supera este tiempo, se deja de respetar el equilibrio fisiológico del animal.

• *¿Es necesario llevar un botiquín para el viaje?*
Sí.

■ EL BOTIQUÍN

— Alcohol;
— repelente de insectos;
— vendas;
— esparadrapo;
— tijeras;
— pinzas;
— agua;
— gasas;
— antiséptico.

• *¿Se deprime un perro en una residencia canina?*
Depende de los hábitos y de su carácter. Con toda seguridad, un animal muy mimado tendrá dificultades para vivir en comunidad. Hay perros que adelgazan mucho o dan muestras de aburrimiento e incluso de depresión.

• *¿Qué precauciones adoptaremos antes de hacer el ingreso en la residencia?*
En todas las residencias caninas es obligatorio que el animal esté tatuado y correctamente vacunado. No olvidemos dejar al responsable de la residencia nuestro teléfono y el del veterinario. De este modo, en caso de que se tenga que realizar alguna intervención, siempre nos lo comunicarán previamente.

• *¿Hay un tiempo límite de estancia en una residencia canina?*
Un mes es un tiempo suficientemente largo para que el perro se dé cuenta de que su modo de vida ha cambiado, pero suficientemente corto para que no llegue a experimentar un sentimiento de abandono y de apego a otro hogar.
Si el periodo es superior a un mes, se corre el riesgo de que el animal pierda la noción del tiempo y se acostumbre a la nueva vida.

Las vacunaciones

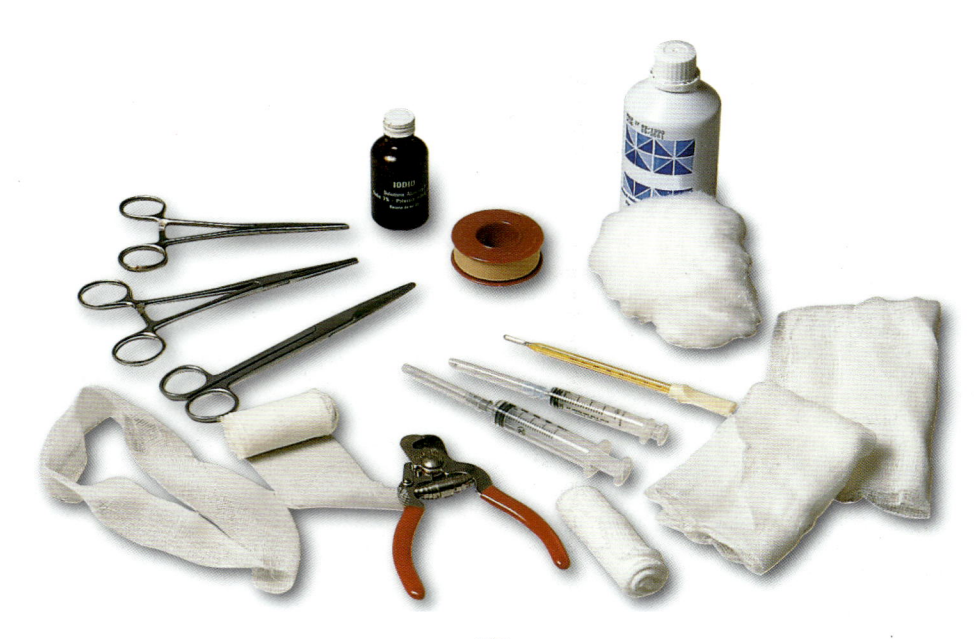

La vacuna protege al animal contra una enfermedad, generalmente vírica, y estimula el organismo para fabricar los anticuerpos que deberán funcionar en caso de infección. En cambio, el suero hiperinmune es una inyección de anticuerpos que el organismo destruye rápidamente y que, por lo tanto, habrá que renovar. A algunos cachorros se les inyecta antes de los dos meses sueros contra la enfermedad de Carré (también conocida como moquillo), por ejemplo, si bien a partir de los dos meses habrá que administrarles dos inyecciones consecutivas, ya que la del suero no se tiene en cuenta. A veces existe una cierta confusión entre suero y vacuna.

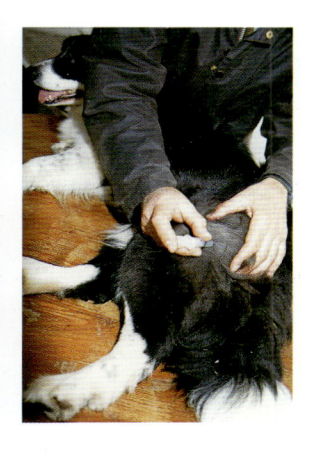

• *¿Qué vacunas son necesarias?*
Las del complejo CHLRP (enfermedad de Carré, hepatitis, leptospirosis, rabia y parvovirosis). También existe una vacuna contra la piroplasmosis, transmitida por la garrapata, que no se incluye de forma sistemática en los programas de vacunación, ya que sólo se administra a los perros de caza o a los que viven en zonas de riesgo.

• *¿Cuál es la edad idónea para la vacunación?*
A partir de los dos meses, salvo para la rabia, que se pone a partir de los tres meses. Las revacunaciones se practican un mes después, excepto para la rabia, que sólo necesita una inyección. Para todas las demás vacunas, hay una revacunación anual:

— a los dos meses: CHLP;
— a los tres meses: CHLR;
— al año: CHLRP.

• *¿Se le pueden poner todas las vacunas al mismo tiempo?*
No, algunas combinaciones no son posibles. Se puede asociar rabia, leptospirosis, parvovirosis y hepatitis. En cambio, la vacuna contra la piroplasmosis debe realizarse por separado, como mínimo con un mes de diferencia con respecto a las otras inyecciones.

• *¿Cuáles son las vacunas obligatorias?*
La vacuna antirrábica es la única obligatoria desde el punto de vista legal, ya que se exige en los controles fronterizos, las exposiciones, la residencia en zonas de riesgo y la estancia en cámpings. Sin embargo, para dejar al animal en una residencia, se exigen todas las vacunas.

■ **LAS VACUNAS**

Hay dos tipos de vacunas. Un primer tipo son las vacunas vivas atenuadas: se inyecta un virus que provoca la formación de anticuerpos pero sin llegar a producir la enfermedad. El segundo tipo son vacunas inactivadas, constituidas por un fragmento de virus contra el que reaccionará el organismo. Este último tipo es el que se utiliza en los animales.

La fabricación de anticuerpos es menos importante que con las vacunas del primer tipo, y por consiguiente tienen que administrarse con más frecuencia. De ahí la necesidad de revacunar anualmente al animal a lo largo de toda su vida (contrariamente al hombre).

El organismo no está protegido contra una enfermedad hasta pasados quince días de la segunda inyección. La primera vacunación consta de dos inyecciones, puestas con un mes de intervalo. Con las revacunaciones anuales, el efecto es inmediato.

Las vacunas pueden asociarse sin peligro y las reacciones se producen en raras ocasiones. Es inútil vacunar un cachorro antes de los dos meses, porque su sistema inmunitario no está suficientemente desarrollado y no garantiza la producción de anticuerpos.

La parvovirosis constituye una excepción, y en los criaderos vacunan a los cachorros entre las cinco y las seis semanas.

- *¿Se le tiene que desparasitar antes de la vacunación?*
Preferiblemente, sí. Se aconseja desparasitar al cachorro una semana antes de la fecha prevista para la vacunación.

- *¿Hay una fecha mínima para la revacunación?*
La vacuna contra la rabia es la única que tiene este límite. La fecha se hace constar en el certificado de vacunación.

- *¿Una madre vacunada vacuna a su vez a los pequeños?*
La madre transmite anticuerpos a través del calostro, que es la primera leche que ingieren los cachorros al nacer. Por lo tanto, es importante revacunar tan pronto como se haya diagnosticado el estado de preñez.

- *¿Es obligatorio el libro de vacunaciones?*
No, el único certificado obligatorio es el antirrábico. La vacuna antirrábica no figura en el libro de vacunaciones, sino en un documento aparte.

La desparasitación

Es otra medida preventiva fundamental. La desparasitación del cachorro se inicia muy pronto en el criadero. La primera desparasitación tiene lugar entre los 12 y los 15 días de vida, con un producto que se administra durante tres días consecutivamente. Luego, a las tres semanas, el veterinario le aplica una inyección subcutánea. Una vez ya en casa del propietario, los cachorros se desparasitan a los dos meses, y seguidamente, una vez al mes hasta la edad de ocho meses. A partir de entonces la desparasitación se efectúa anualmente, salvo si el animal está en contacto directo con un niño de corta edad, ya que aumenta el riesgo de contagio. La hembra gestante debe ser desparasitada 10 días antes y 10 días después del parto y también una semana antes de aparearse.

Debemos saber que los tratamientos antiparasitarios tienen un efecto temporal. En efecto, eliminan los parásitos que se encuentran en aquel momento en el organismo, pero no realizan una acción preventiva (es decir, no son una vacuna). Los antiparasitarios tienen varias presentaciones: comprimidos, pasta por vía oral con aplicador, pipetas líquidas, y también inyectables.

Algunos productos se administran en una sola vez, pero otros necesitan unos días de tratamiento.

Los parásitos digestivos se dividen en vermes redondos (nematodos) y planos (cestodos). Son muy frecuentes en los cachorros y es preciso eliminarlos porque su presencia puede comportar un retraso en el crecimiento o problemas digestivos. El 90 % de los cachorros está parasitado por ascárides. La perra gestante puede transmitir las lombrices porque las larvas atraviesan la placenta y contaminan al feto.

Los ascárides adultos se alojan en el tubo digestivo del

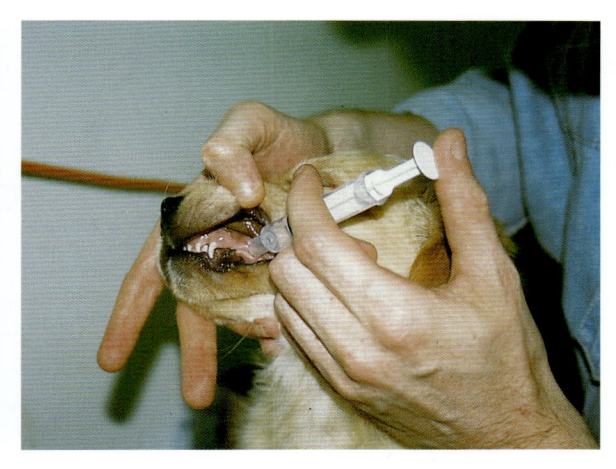

básicamente por la cuenca mediterránea. Se transmite a través de un mosquito. Es una enfermedad grave. Los síntomas son inflamación de los ganglios, adelgazamiento, lesiones cutáneas y alargamiento de las uñas.

• *¿Se pueden contagiar las lombrices de un perro?*
Sí, los niños son las principales víctimas. Se contaminan lamiéndose los dedos después de haber acariciado el animal.

• *¿En qué época se tiene que realizar la desparasitación?*

perro y se nutren del alimento que allí encuentran, causando adelgazamiento y diarreas. Se expulsan con las heces y tienen forma de grandes lombrices redondas y blancas como fideos.

Las lombrices planas (o cestodos) reciben el nombre de tenias. Las larvas se desarrollan dentro del organismo de otro animal, denominado huésped intermedio (conejo, liebre, oveja y, sobre todo, la pulga). Al tragarlos, el perro queda contaminado.

Los parásitos respiratorios y cardiacos más frecuentes están causados por los helmintos. Los síntomas de esta parasitosis son un jadeo anormal y tos. Existe otro tipo de parásitos que vive en la sangre. Los piroplasmas son transmitidos por las garrapatas. Se localizan en los glóbulos rojos del perro y los hacen estallar. Entonces el animal pierde sangre, su orina es de color café y tiene fiebre alta. Debe ser tratado con carácter urgente.

El parásito causante de la leishmaniosis está extendido

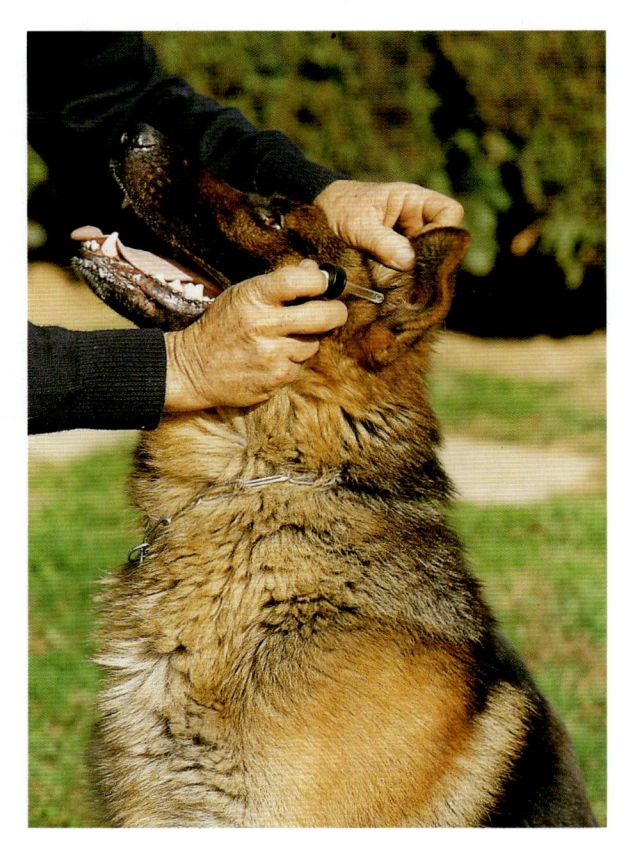

Preferiblemente en primavera, porque con los primeros calores maduran los huevos de pulga. Por lo que respecta a los otros parásitos, puede efectuarse todo el año.

• *¿Cuántas veces al año hay que hacerlo?*
Para un animal que vive en un piso, basta con una vez por año, en el momento de la vacunación.

El perro que vive en el campo se puede desparasitar cada seis meses, igual que el perro que convive con un niño muy joven. Durante la etapa de crecimiento del cachorro, de los dos a los ocho meses, se administra un antiparasitario cada mes.

• *¿Cómo se sabe si un perro tiene lombrices?*
Observando las deposiciones. Los síntomas son un adelgazamiento importante y el hinchamiento del vientre, así como bostezos frecuentes en el cachorro. De todos modos, la desparasitación es siempre preventiva.

• *¿Se pueden usar varios antiparasitarios simultáneamente?*
Es más conveniente utilizar un producto de amplio espectro. Si no se logra destruir todos los vermes, habrá que recurrir a otro producto quince días después.

• *¿Guardan alguna relación las pulgas con las lombrices?*
Sí, las pulgas transmiten los huevos de la tenia, que el perro engulle al lamerse. Por tanto, el tratamiento contra la tenia debe estar combinado con un tratamiento contra las pulgas, centrado tanto en el cuerpo del perro como en el entorno.

Las exposiciones caninas

El título de confirmación que puede obtenerse en una exposición canina no valora si el perro es bonito, sino que certifica que sus características morfológicas se ajustan al estándar de la raza. Sirve para descartar de la reproducción los ejemplares que podrían perjudicar la evolución de la raza. Puede pasarse a partir de los doce meses de edad, previa solicitud a la RSCE, que nos enviará un formulario de confirmación (normalmente se entrega junto al certificado de nacimiento).

• *¿Pueden confirmarse todos los perros?*
No, sólo pueden confirmarse los animales cuyos padres posean pedigrí. Hay algunas ex-

cepciones en las razas con muy pequeño número de representantes.

• *¿Para qué sirve confirmar un perro?*
La confirmación sirve para obtener el pedigrí definitivo. Si los padres tienen pedigrí, el ejemplar en cuestión tendrá un certificado de nacimiento si se ha cumplimentado la documentación oportuna. En el caso de que los jueces consideren que el perro cumple con el estándar, se lo otorgarán también.

• *¿Dónde se pasa la confirmación?*
Se puede obtener en las exposiciones caninas organizadas por el club de raza, que comunica con antelación las fechas y los lugares en donde tienen lugar. Las sesiones de confirmación no se celebran en todas las exposiciones, ya que en algunas solamente se suelen conceder premios de belleza.

• *¿Qué es el pedigrí?*
El pedigrí es el documento que certifica la genealogía del ejemplar hasta un mínimo de tres generaciones, si está inscrito en el LOE, o de todos los antepasados conocidos, si está inscrito en el RRC. Acredita que un perro es de pura raza.

• *¿Qué información contiene el pedigrí?*
El pedigrí recoge toda la información referente al perro, a su criador y a su propietario:
— número de registro en el libro genealógico y fecha de la inscripción;
— nombre, raza, variedad, sexo, color y fecha de nacimiento del perro;
— código de identificación (microchip);
— títulos de campeonato obtenidos;
— nombre del criador;
— fecha de transferencia de la propiedad;
— nombre y domicilio del propietario;
— fecha de emisión del pedigrí;
— firmas autorizadas de la Sociedad Canina;
— nombre y número de registro de los padres, abuelos y bisabuelos.

• *¿Qué significan las siglas LOE?*
Libro de Orígenes Español. En él se registran las genealogías de todas las razas caninas reconocidas por la RSCE, que se encarga de tenerlo actualizado.

• *Para poder inscribir los cachorros en el LOE/RRC, ¿han de cumplir algunos requisitos los progenitores?*
Los reproductores, macho y hembra, tienen que estar inscritos en el LOE/RRC y transferidos a nombre de sus propietarios (declarantes de la camada). También tienen que estar identificados mediante microchip comunicado a la RSCE con certificación firmada por un veterinario colegiado, y han de tener una edad comprendida entre más de 1 año y menos de 10 (las hembras) y más de 9 meses y menos de 12 años (los machos).

• *¿Qué diferencia hay entre el LOE (Libro de Orígenes Español) y el RCC (Registro de Razas Caninas)?*
En el LOE se inscriben los ejemplares de los que se conozcan como mínimo tres generaciones (hasta los bisabuelos); en el RRC se inscriben los ejemplares de los que no se conocen tres generaciones completas.

La adquisición de un perro

Cuando se compra un cachorro hay que exigir un certificado de venta y, sobre todo, comprobar que en él figuran todos los datos. Es el único documento que permite al propietario efectuar una reclamación o denunciar la venta en caso de litigio o de disconformidad con las características del producto.

• *¿Cómo ha de ser el certificado de venta?*
Ha de estar firmado por el vendedor y por el comprador. En el documento debe constar claramente el nombre del perro, el número de tatuaje o de microchip, la raza exacta, el sexo, la descripción (color del manto, pelo, orejas, cola, etc.), la fecha de la venta, la fecha de entrega del cachorro, los nombres del vendedor y del criador, el precio, la forma de pago y el uso al que se destinará el perro. Es obligatorio que los cachorros se entreguen registrados, tanto si se venden como si se regalan. Este contrato de venta ha de exigirse en el momento de la compra.

• *¿Dónde podemos comprar un cachorro?*
Un perro puede comprarse: en un criadero, a un particular localizado a través de un

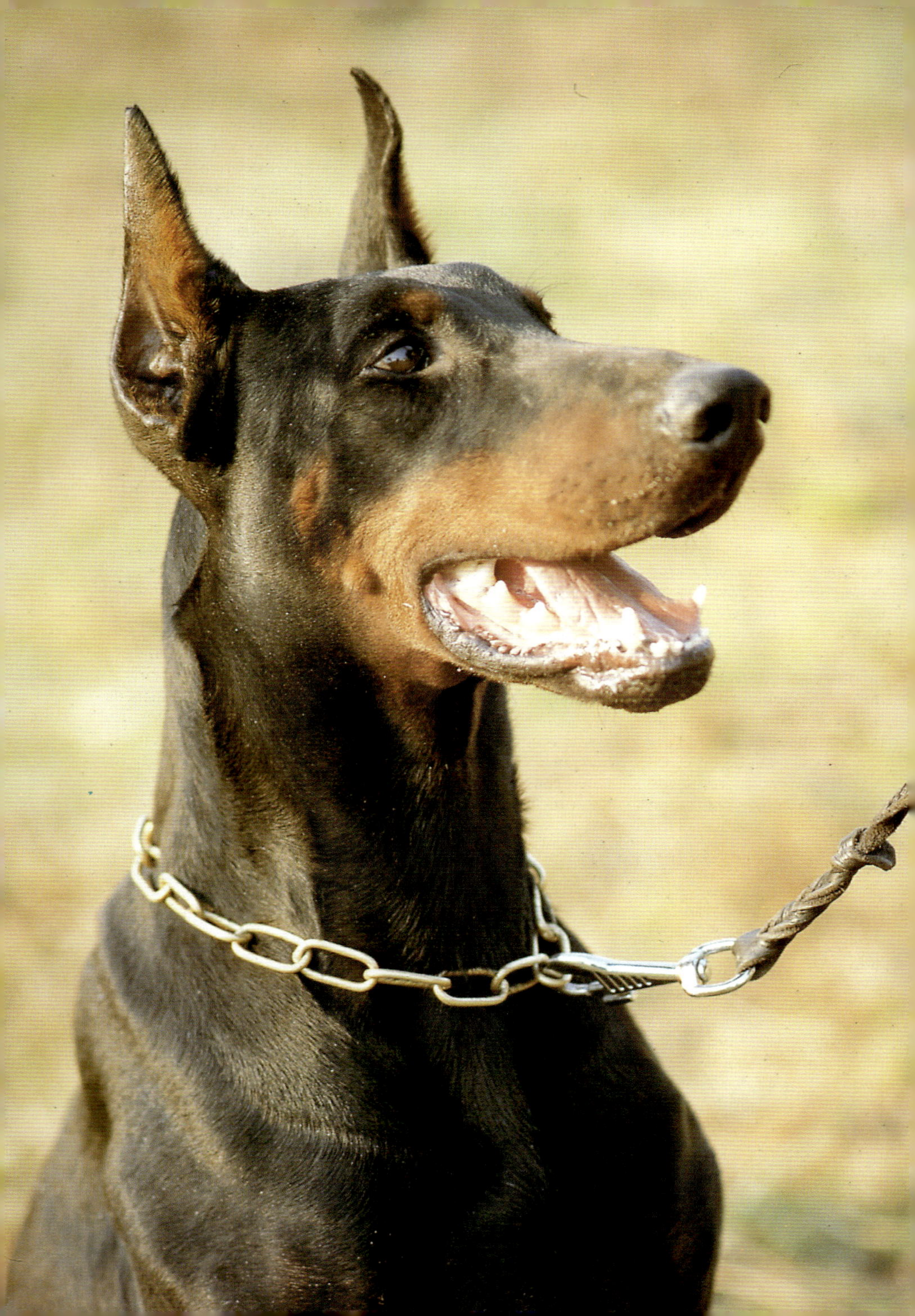

anuncio, en una tienda de animales o incluso en un centro veterinario, de donde el titular conoce las camadas disponibles de sus clientes. En los clubes de raza nos proporcionarán la relación de criadores oficiales.

• *¿Cuál es la época mejor para comprar un animal?*
Conviene evitar los periodos de vacaciones. Aunque parezcan muy propicios, pueden ser un tanto traumáticos, ya que el animal se acostumbra al dueño durante este tiempo, y de pronto, cuando terminan las vacaciones, el dueño se reincorpora al trabajo y el perro se queda solo.

• *¿Cuáles son las condiciones de una venta y qué detalles conviene tener en cuenta?*
Antes de hacer efectiva la compra, hay que asegurarse de que el cachorro posee todos los papeles en regla: certificado de tatuaje o microchip, notificación de nacimiento a la RSCE si se trata de un ejemplar de pura raza, certificado antirrábico (sólo es obligatorio para el cachorro de tres meses proveniente de algunas Comunidades Autónomas donde esta vacuna es obligatoria) y certificado de venta. Además, el cachorro debe estar sano. Antes de firmar, es preciso estar conforme con todo lo expuesto en el contrato de compra y asegurarse de que la transacción se llevará a cabo de la manera esperada.

• *¿Cómo se elige un cachorro de una camada?*
La elección puede llevarse a cabo de manera impulsiva o consciente. Se puede tomar una decisión ponderada por medio de un test de carácter que nos permitirá encontrar un cachorro equilibrado y, a continuación, podemos dejar que imperen los criterios subjetivos (color, talla, ojos, vivacidad). El test de Campbell es el más conocido de los utilizados para prever el carácter futuro del cachorro.

• *¿En qué consiste el test de Campbell?*
El test consta de cinco pruebas. La primera permite evaluar la atracción social. Para ello colocaremos el cachorro en el área destinada a la realización del test y nos alejaremos unos metros. Nos pondremos en cuclillas y daremos una palmada sin decir nada. Observaremos cómo acude hacia nosotros. Si el cachorro viniese rápidamente, con la cola alta, será dominante. Si acudiese con la cola gacha, será sumiso. Si no prestase ninguna atención, será independiente.

La siguiente prueba permite ver cuál es su disposición para el seguimiento. En ella se atiende a la manera en que el cachorro sigue a la persona cuando esta se aleja. Si el cachorro nos sigue inmediatamente, es dominante. Si sigue con la cola gacha, es sumiso. Si se va en otra dirección, es independiente.

La tercera, centrada en la respuesta a la obligación, consiste en colocar el cachorro delicadamente con la espalda contra el suelo y mantenerlo en esta posición por espacio de treinta segundos. Si se rebela violentamente y muerde, es dominante. Si se rebela y

en situación de defensa son capaces de morder.

El cachorro equilibrado es aquel que se ha mostrado como sumiso en al menos tres pruebas. Es fácil de educar y adecuado para la convivencia con niños.

El cachorro muy sumiso necesita un trato muy afable y una relación de confianza. El independiente hace siempre lo que le viene en gana, característica que lo hace difícil de educar.

• *¿Puede uno mismo realizar el test?*

Las pruebas se realizan en unas condiciones muy precisas. El cachorro ha de tener entre cinco y siete semanas, y se necesita un lugar tranquilo o un local en el que sólo puede haber una persona y sin mobiliario. La persona que valora el carácter no ha de ser conocida por el cachorro. Cada parte del test se puntúa con una nota, en función de la reacción del animal. Según los resultados finales obtenidos, se establecen tres categorías: dominante, sumiso e indiferente.

• *¿Cómo se comprueba la edad del cachorro que queremos comprar?*

La edad de un cachorro puede determinarse con exactitud conociendo el momento en que comienzan a salir los primeros dientes. Este sistema es válido hasta que el cachorro tiene siete meses, edad a la que se completa la dentadura definitiva. Veamos cuáles son las referencias.

En el cachorro los caninos despuntan a los 21 días; los incisivos, a los 25 (los terceros), a los 28 (los segundos) y a los 30 días (los primeros). Los molares aparecen de la

acto seguido se calma, es sumiso. Si no se rebela en absoluto y nos lame la mano, será demasiado sumiso.

En la cuarta se comprueba su dominio social. Para ello se acaricia el lomo del cachorro ejerciendo una fuerte presión con la mano. Si se gira, muerde y gruñe, será dominante. Si se tumba para lamer las manos, será sumiso. Si intenta alejarse, será independiente.

Finalmente, la prueba de dominio mediante levantamiento consiste en levantar el cachorro a poca altura del suelo sujetándolo por debajo de la barriga con los dedos entrelazados y manteniéndolo suspendido por espacio de treinta segundos. Si se rebela y gruñe, será dominante. Si inicialmente se rebela, pero luego se calma, será sumiso. Si no se rebela y lame las manos, será muy sumiso.

El perro dominante debe ser educado con buenas maneras, sin pegarle nunca, porque no haríamos más que estimular su agresividad. Los animales de carácter dominante no son aconsejables para familias con niños porque requieren una educación firme y porque

tercera a la quinta semana. Seguidamente se examina el desgaste de los dientes. Los terceros incisivos se nivelan a los 45 días; los segundos, a los tres meses, y los primeros, a los cuatro meses.

En cuanto a los dientes definitivos, la erupción de los terceros incisivos se produce a los cuatro meses, a los cuatro o cinco para los primeros incisivos y los caninos, y entre los seis y los siete para los molares. A los siete meses el perro tiene ya todos los dientes. Estas indicaciones serán útiles para evitar posibles engaños.

Tatuaje y microchip

Los sistemas de identificación de los animales son diferentes según la especie. Para los animales de compañía, los sistemas más habituales son el tatuaje y el microchip, si bien para los perros este último es el sistema más utilizado hoy en día.

• *¿En qué consiste el tatuaje?*
Está formado por tres letras y tres números, determinados al azar. La persona que realiza el tatuaje (veterinario o criador) es quien solicita el certificado de tatuaje.

• *¿Qué es el microchip?*
Es una pequeña cápsula del tamaño de un grano de arroz que se implanta bajo la piel del cuello del perro, y que contiene toda la información referente al animal y al dueño. El veterinario puede ver fácilmente la información que contiene pasando por encima de la zona un aparato lector. En caso de extravío del animal, con este dispositivo re-

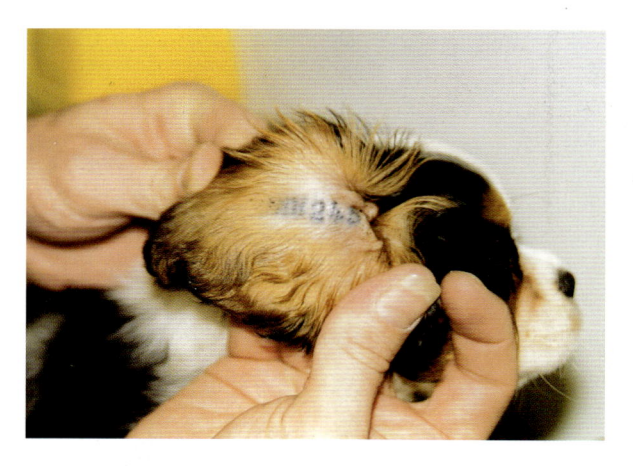

sulta muy fácil localizar al dueño.
Desde el 1 de enero de 2011 es el único medio válido de identificación para inscribir un perro en el LOE o en el RRC.

Los cuidados del manto

• *¿Qué productos se necesitan para el cuidado del manto del perro?*
Hay diversos tipos de champú: desenredantes, antiparasitarios, anticaspa, etc., así como lociones especiales para el pelo blanco. El primer baño suele realizarse a los tres meses. Según la raza, habrá que proceder de diversa manera:

— si se trata de un perro de pelo raso, se cepillará el manto una vez por semana con un cepillo suave;
— si es un perro de pelo semilargo, se cepillará una vez por semana con un cepillo duro o con un peine metálico;
— si el pelo fuese muy largo, se cepillará todos los días con un cepillo suave y un peine de púas redondas;
— si el pelo fuese duro, se cepillará una vez por semana con un peine metálico o un rastrillo; en algunos casos puede ser necesario un cortanudos.

• *¿Deben limpiarse los ojos?*
Se limpian una vez por semana, con una loción para evitar que la secreción lagrimal ensucie el pelo y deje una mancha marrón en el ángulo interno del ojo. Para ello utilizaremos suero fisiológico y una gasa (nunca un algodón, porque deja hilillos).

• *¿Cuántas veces al año debe arreglarse el manto del perro?*
Es suficiente con dos baños al año. Los nudos deberán desenredarse cada vez que sea necesario.

• *¿Cuál es la manera correcta de eliminar las garrapatas?*
En ningún caso se deben arrancar, porque el aparato bucal de la garrapata puede quedarse en la piel del animal. Se tiene que anestesiar con un producto específico y seguidamente tirar de ella con unas pinzas, una vez que los artejos están ya relajados.

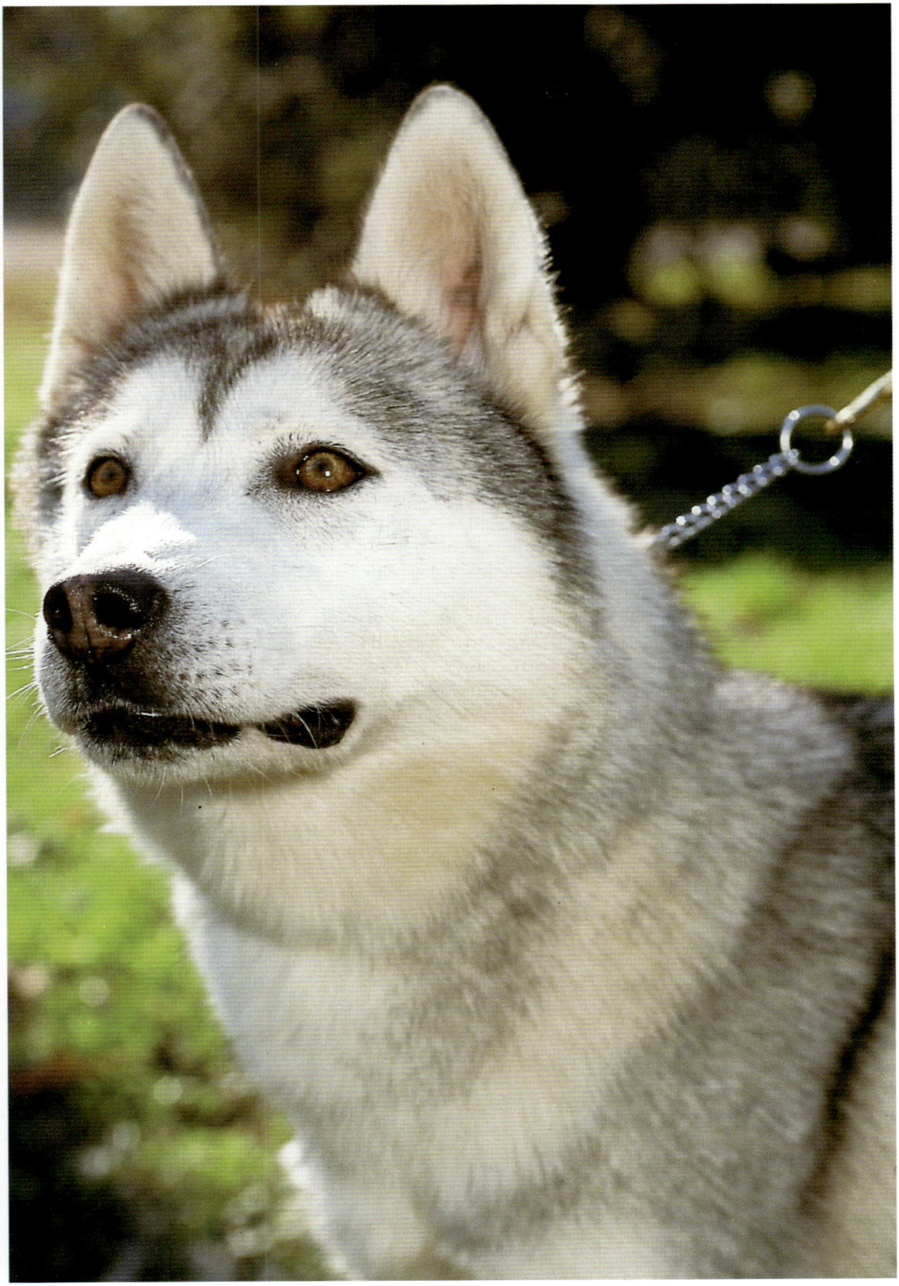

ÍNDICE ANALÍTICO

aburrimiento, 96, 98, 128
afijo, 126, 133
animal territorial, 21
ansiedad, 43, 44, 49, 74, 76, 91, 93-95, 99, 103, 104, 112, 114, 115, 119
anticonceptivo, 123
arañador, 99
aullidos, 10, 11, 42, 61
avión, 75, 77, 115, 126, 127
barco, 77, 126, 127
cabeza, 12, 15, 19, 28, 32, 36, 46
camada, 21, 58, 117, 122-126, 133, 135, 137
cartero, 82, 103
castigo, 26, 30, 44, 49, 53, 72, 81, 85, 120
celo, 57, 63, 99, 122, 123, 125
certificado sanitario, 126
— de vacunación, 120, 130
— de venta, 104, 133
clubes de raza,135
— de trabajo, 135
coche, 21, 62, 76, 88, 96, 103, 107, 108
cola, 12, 13, 19, 133, 135
collar, 45-47, 72, 82
compañeros de juego, 58, 60
comportamiento cívico, 42
comunicación, 10, 13, 14, 16-18, 25, 26, 29
confirmación, 132, 133
contracepción, 122
correa, 13, 19, 26, 28, 32, 35, 41, 45-51, 60, 62, 63, 71, 74, 76, 79, 81, 84, 85, 126

cuerpo, 10, 12, 13, 15, 132
«de pie», 15, 35, 51, 52, 58, 61, 62, 83
declaración de alta de la camada, 13
desparasitación, 130-132
dominado, 22, 24, 53, 60, 65, 67, 89, 99, 112
dominante, 20, 24, 53, 54, 60, 61, 65-69, 85, 87-89, 95, 99, 101, 102, 114, 118, 120
dientes, 2, 19, 61, 136
distancia de seguridad, 21
educación familiar, 19, 53
— positiva, 30, 33, 38, 44
elección de una raza, 92, 116
escarbador, 98
exposiciones caninas, 126, 129, 132
Federación Cinológica Internacional (FCI), 126
garrapatas, 129, 131, 138
gemidos, 10, 11, 67, 93
gritos, 10, 11, 27, 117, 118
histerectomía, 123
jerarquización, 99, 103, 113, 114
juegos prohibidos, 61
juguetes, 44, 58-60, 63, 67, 85, 96, 98, 108, 120
lavabo, 68
leche de perra, 125
lenguaje no verbal, 10
Libro de Orígenes Español (LOE), 126, 133
— de vacunaciones, 127, 130
limpieza, 35-38, 40, 42, 66, 68, 119
lombrices, 130-132
medios de transporte, 75
menopausia, 123
menú, 55, 63
mesa y cubiertos, 54
métodos de aprendizaje, 36
microchip, 126, 137
miedo, 9, 11, 24, 27, 33, 34, 37, 41, 43, 44, 48, 53, 60, 72, 73, 75, 77, 88, 95-97, 102-105, 110, 112, 118, 119, 127
mordedor, 100
morro, 10, 12
niños, 16, 19, 22, 26, 27, 37, 48, 51, 54, 55, 60, 63, 67, 69, 80, 82, 84, 85, 100, 107, 116, 131, 136
ojos, 12, 15, 25, 66, 133, 138
orejas, 10, 12, 19, 43, 133
ovariectomía, 123
ovariohisterectomía, 123-125, 130
parto, 123
patas, 12, 13, 53, 58, 127
pedigrí, 132, 133
pelo, 13, 123, 138
periodo de improntación, 24
pseudogestación, 125
pulgas, 131, 132
puntos de referencia, 16, 19
«¡quieto!», 35, 51, 52, 62, 69, 117
recompensa, 15, 29, 30, 32-34, 44, 51, 56
reproducción, 30, 122, 132
RSCE, 37, 123, 132, 133

«¡sentado!», 26, 30, 35, 49, 51-53, 57, 71, 82-85, 102
sexualidad, 56, 63, 65, 102, 110, 119
síndrome de privación, 103
soledad, 10, 35, 42, 44, 45, 61, 95-97, 117
sonidos, 10, 11
tacto, 16, 18
territorio, 20
test de Campbell, 135
tren, 77, 126
«¡tumbado!», 35, 51, 53, 62, 97, 102, 116
vacaciones, 43, 55, 62, 75, 93
vacunas, 39, 126, 129
«ven», 26, 50
venganza, 97
viajes, 97
vista, 75, 76

Impreso en España por
DÉDALO OFFSET